출근전부터 퇴근하고 싶은 당신,
정상 입니다

황유미

생계형 E로 살아가는
I의 사회생활

생계형 E로 살아가는 황유미 지음
I의 사회생활

personal
editor

기획자 코멘트

생계형 E라는 교집합

"I이신 줄 몰랐어요. 완전 E로 보이는데요."
"아… 사회생활 하다 보니 이렇게 됐네요. 생계형 E랄까요."

태초에 I가 있었다. 먹고사느라 이런저런 일을 겪고, 이 사람 저 사람과 부대끼다 보면 사회인으로서의 매너와 스킬이 점차 숙련된다. 이른바 후천적 E, 생계형 E로 진화하게 되는 것이다.

아니, 나 원래 되게 낯가리는데? 나 원래 말수 없는데? 아무도 믿어주지 않는 마음속 항변은 생계형 E로 살아가는 이 땅의 I들이 '어른의 삶을 살기 위해' 그동안 얼마나 짠내 나는 고군분투를 해왔는지 고스란히 보여준다.

친구가 왜 이렇게 없냐는 질문을 취업 면접에서 받은 사람, 6명 이상 모이면 누굴 보고 말해야 할지 몰라 허둥대는 사람, 불편한 사람과 아이스라테를 마시면 꼭 탈이 나는 사람, 이 책의 저자 황유미는 그런 사람이다.

내향인 중에서도 상위 그룹에 속하는 이런 사람이 광고 회사에 들어간다. 각양각색 대문자 E들의 각축전이 벌어지는 곳에서 첫 사회생활을 시작한 것. 생각만 해도 벌써 피로가 몰려온다.

그녀의 미래는 우리의 짐작대로다. 회사 안에서 겪을 수 있는 모든 인간관계의 고충을 고스란히 겪는 동안, 일과 관계 사이에서 무게중심을 찾기 위해 홀로 분투하다 5년 후 회사를 떠난다.

혼자 할 수 있는 일, 나에게 집중하는 일을 찾아 나선 그녀는 독립출판을 시작으로 작가생활을 시작하지만 곧 당황스러운 자기모순에 부딪친다. 바로 동료가 필요하다는 것. 내 글을 읽고 피드백해줄 동료, 동기부여를 주고받을 동료, 회사에서 그렇게나 멀리 하고 싶었던 바로 그 동료!

없으면 아쉽고, 있으면 성가신 게 인생의 이치 아닌가. 사람으로 괴롭던 회사생활을 벗어나자 사람 때문에 외로워진 작가생활의 아이러니. 이제부터 그녀는 스스로 찾아나선다. 동료를, 모임을, 소속을, 그것도 자발적으로, 다름 아닌 나를 위해. 누구에게도 기대지 않고 홀로 자립하는 나의 인생을 위해.

수년 전, 드렁큰에디터에서 기획한 원고를 퍼스널에디터라는 새로운 이름의 첫 책으로 출간한다. 누가 봐도 I 같은 황유미 작가는 갈수록 E의 면모로 노련해지고, 누가 봐도 E 같은 나는 점점 I의 비율이 높아지고 있다. 기질과 성향은 서로 다르지만 생계형 E라는 교집합으로 만난다.

사회생활을 하는 누구나 마찬가지 아닐까. 사람들과 어울리고 싶지만 관계에 서투른 내성적 외향인도, 사람이 어렵진 않지만 혼자 있길 더 좋아하는 외성적 내향인도, I와 E 사이에서 색깔의 농도를 오가며 매일 조금씩 변화한다.

I에서 E로 색깔이 짙어지는 저자의 이야기를 따라가다 보면 누구라도 어느 한 대목에서 자신의 모습을, 저자와의 접점을

발견하게 될 것이다. 그러니까 이 책은 MBTI로는 다 설명할 수 없는 '다층적이고 복합적인 나'의 성장에 관한 이야기다.

기획자 남연정

디자이너 코멘트

복잡다단한 내가 가장 편히 쉴 수 있는 곳

책 제목을 맨 처음 접했을 때 조용히 미소를 짓는 나 자신을 발견했다.

'이건 내 이야기일까?'

마치 내 일기장을 들여다보는 기분이 들었다.

사회성이 부족해 학창시절 유난히 어려움이 많던 아이, 사람 많은 곳에 가면 금세 피곤해져 집에 돌아가는 순간만을 기다리던 아이, 아무리 재밌는 모임이라도 게임 같은 걸 시작하면 도망갔던 그 아이. 특히 이 책에 나오는 회사생활에서 경험한 커뮤니케이션에 관한 이야기부터 다양한 사회생활의 상황에서 느끼는 그 감정들은 내가 오랜 시간을 거쳐 변화된 과정이 함축된 부분이라 신기하기까지 했다.

디자이너로서 10여 년 넘게 한 회사에서 일하는 동안 익숙한 사람들과 일하는 것에는 큰 어려움이 없었다. 그렇게 아늑한 곳을 떠나 어느덧 독립을 한 우물 안 개구리는 세상으로 나왔을 때 깨달았다.

'이 많은(다양한) 일들을 다 내가 해야 하는구나!'

디자인하는 것만으로도 시간이 부족한데 수많은 미팅 요청과 메일링, 견적서, 감리, 계산서 발행 등 소통부터 계산까지 오롯이 내 몫이었다. 계산을 못 하는 것은 기본이고 일정표 외에 서류 작성을 해보지도 않았던(아니, 할 필요가 없는) 나는 독립 이후 다양한 일들과 부딪히면서 많은 것을 새롭게 배웠다.

독립 7년 차가 된 지금…. 새로운 만남을 준비하며 어떤 말을 해야 할까, 좋은 인상을 주려면 어떤 표정을 지어야 할까, 손에 식은땀을 닦아가며 온갖 생각으로 나를 다스리던, 긴장하다 멘붕이 되어 무슨 말을 했는지 그 당시 상황이 기억나지 않아 이불킥으로 밤새 괴로워하던 그때의 나는 이제 없다.

앞으로 나아가기 위해 나를 변화시켜야 한다는 것을 깨닫는 데는 오랜 시간이 걸리지 않았다. 어느덧 생계형 E로 변모한 나는 이제 더 이상 나를 몰아세우지 않고도 능숙하게, 또 자연스럽게 상대와 상황에 따라 대처하는 법을 익히게 됐다.

황유미 작가의 이야기처럼 24시간 동안 혼자 즐겁게 노는 법을 잘 아는 I는 하루 종일 분주하다. 온종일 한마디 하지 않아도 심심할 새 없던 나였는데, 독립 이후 혼자 일하는 시간이 길어지자 그야말로 입에 거미줄이 쳐지는 느낌이 들며 내 판단력에 의심이 들기 시작했고 "이 시안 어때?"라고 물어볼 동료가 그리워졌다.

이제 하나둘 동료가 늘어나고 프로젝트와 협업하는 일이 많아지면서 나는 그 분주함과 생동감을 즐기고 에너지가 충전되는 기분을 느낀다.

일주일 내내 전쟁을 치르듯 업무를 소화했어도 나는 반드시 혼자만의 시간이 필요하다. 집중해서 일하다 보면 어느새 컴컴해진 시간, 조명도 켜지 않은 채 주변이 어두워진 것도 모르고 모니터 불빛 속으로 빨려 들어갈 것처럼 집중하는 내가 있다. 책상에 앉아 있는 내가 더 깊은 내 안으로 몰입하는 '초월한 집중력'에 빠져들면 말로 표현할 수 없는 쾌감이 든다.

그런 나를 발견할 때면 마음속으로 역시!(이거야!)라는 짜릿한 외침이 들린다. 이렇게 한 주를 마감하는 것이 나의 일주일 루틴이다. 이 시간을 가지면 월요병은 사라진다. 월요일이 두렵지 않은 한 주를 시작하기 위해 찾은 나만의 비법이다.

이 책은 I로서 가지고 있던 나의 비밀스러운 흑역사를 떠올리게도 하고, 이제는 제법 능숙해진 사회인으로서의 내 모습도 돌아보게 해준다. 그렇게 변화해온 나를 이 책의 제목에 이입해 표지 디자인을 구상했다.

시각적으로 알파벳 I와 E는 너무나도 좋은 디자인 소스이기에 표지의 대표적인 이미지로 활용하고자 했다. I라고 해서 다 같은 I가 아니고, E라고 해서 다 같은 E가 아니듯 사람마다 조금씩 다른 성향을 갖고 있음을 나타내고자 I와 E를 여러 종류의 서체로 표현했다.

특히 제목에서 주는 메시지인, I와 E가 상호적으로 영향을 주고 유기적으로 연결돼 있다는 의미를 나타내기 위해, I와 E가 서로 뒤섞이듯 어울려 있는 다양하고 복잡한 형태를 구성했다. 사회생활을 하면서 상황과 역할에 따라 I에서 E로 변화되는 모습, 자기 안에 공존하는 다양한 모습도 담아내고자 했다.

디자인의 큰 틀이 되는 지붕을 얹은 형태는 내면의 I 자아가 익숙함과 안정감을 느끼는 혼자만의 공간을 집의 모양으로 형상화한 것이다. 집으로 상징되는 이 공간은 좁고 밀도 있는 인간관계 혹은 치열하게 부대끼며 사회생활을 하는 일터라고 볼 수도 있을 것 같다.

《생계형 E로 살아가는 I의 사회생활》이란 제목에 내가 감응했듯이 이런 의도를 담은 표지 디자인에 독자들도 공감할 수 있기를 바란다.

디자이너 석윤이

목차

기획자 코멘트 — 생계형 E라는 교집합 4

디자이너 코멘트 — 복잡다단한 내가 가장 편히 쉴 수 있는 곳 8

프롤로그 — 혼자이고 싶지만 고립되고 싶진 않다 16

{1} I형 인간의 직장생활

친구가 별로 없네요? 22

회사에선 일만 잘하면 되지 31

그런 솔직함은 너무 부담스러우니까 40

독립적인 개인주의자로 버티며 살기 48

사회생활이란 불편한 사람과 밥 먹는 것 57

회사 안에서 친구를 만들 수 있을까? 67

{2} 생계형 E의 작가생활

사람은 좋아하지만 인간관계는 부담스럽고 78

내가 원하는 내 모습만 보여줄 수 있다면 88

야망 없는 사람이 오래 일하는 법 98

인맥관리 대신 느슨한 네트워킹 105

팀플은 적성에 안 맞는 줄 알았는데 117

공평한 협업은 어떻게 가능한가 127

소속감이 필요하다는 고백 136

{ 3 } I도 E도 결국은 자립생활

어쩌지, 이러다가 독거하겠네 148

고백받고 차이는 쪽이죠? 네, 완전 154

외로움은 대비할 수 있는가 161

의존하는 법을 배워야 자립할 수 있다 169

이토록 매력적인 핵인싸 할머니 175

핫플이 힘든 사람은 어디서 놀지? 182

가족이란 이름의 기한 없는 조별과제 190

완전히 기댈 수 있는 관계가 있다면 198

장래희망은 동네 손맛 좋은 할머니 207

언제든 다정할 준비가 되어 있는 사이 216

에필로그 — 혼자와 같이의 유연한 이중생활 224

프롤로그

혼자이고 싶지만 고립되고 싶진 않다

아홉 살, 방문을 닫아 걸고 역할 놀이에 빠져 있던 어느 날이었다. 그즈음 나는 가상의 인물을 만들어두고 혼자서 문답을 주거니 받거니 하는 가상 인터뷰를 즐겼다.

질문하는 사람도 나, 대답하는 사람도 나. 재료가 오직 '나(I)' 뿐인 이야기에 빠져 시간을 보내는데 문 바깥에서 엄마의 목소리가 들렸다.

"뭐해, 얼른 안 나오고? 친구 왔다니까."

문을 두드리며 재촉하는 목소리가 커지던 그 순간, 내 안에서는 두 가지 상반된 마음이 충돌했다.

나가고 싶은데, 나가고 싶지 않다.

방해를 받아 몰입이 깨진 것에 대한 짜증과, 잠깐이지만 단짝 친구를 훼방꾼이라 여긴 나 자신에 대한 당혹감이 겹쳤다. 매일 붙어 다니던 가장 친한 친구가 찾아왔는데 순수하게 기뻐하지 못하는 감정이 어딘가 이상하고 미안하면서 부끄럽다 느껴졌다.

당장 방문을 열고 나가 친구를 반갑게 맞아야 한다는 걸 알지만 '나'로 빼곡히 채운 이 안전한 공간을 벗어나고 싶지도 않았다. 고민하며 지체하는 시간이 길어질수록, 친구가 다시는 찾아오지 않을 수 있다는 걱정이 밀려와 당장이라도 문을 열고 나가 친구를 와락 껴안고 싶기도 했다.

그날의 강렬한 충돌이 지워지지 않는 잔상처럼 오래도록 남아 있다.

나는 왜 친구들이 좋으면서도 만나자는 말은 부담스러울까? 왜 옆자리 동료, 우리 팀 선배, 같이 일하는 후배한테 좋은 감정이 있어도, 점심엔 혼자 조용히 사라져서 시간을 보내다 오고 싶을까? 모두들 즐거워 보이는 떠들썩한 자리에 어울려 같이 웃고 떠들면서도, 왜 나는 집중하지 못하고 언저리를 맴도는 기분이 들까?

풀리지 않는 의문을 끌어안고 개운치 않은 감정으로 사람들 사이를 비집고 들어갔다 나오기를 반복했다.

MBTI라는 도구를 통해 알파벳 네 자리로 성향을 설명하기 쉬워지면서 "이게 다 I 비율이 높기 때문"이라고 정의를 해버리니 편하기는 했지만 충분하진 않았다.

나는 혼자이고 싶은 사람이지만 고립은 원치 않았다. 소통을 끊고 고독 속으로 걸어 들어가면서도 '돌아올 날'을 정하고 휴가를 떠나듯 고독을 대했다. 충분히 혼자이고 싶은 마음과 연결되고 싶다는 마음 사이를 오가며 하루에도 몇 번씩 줄타기를 한다. 나답게 살아가는 게 중요하단 말엔 공감하지만, 가끔은 내가 아는 나의 모습이 아닌 다른 모습을 이끌어내주는 타인을 만나 자극을 받고 싶다.

고독의 자유와 연결의 안정을 동시에 취하고 싶은 욕심이 마구 뒤섞여 끓어오를 때마다 글을 썼다. 문을 열고 싶으면서도 열고 싶지 않다는 모순을 천천히 들여다보았다. 내 욕심이 기우는 방향에 따라 혼자인 삶과 함께인 삶을 오간 경험을 더듬었다.

'나(I)'는 너무나 나인데 언제나 'I'일 수만은 없어서 고민하는 사람들과 함께 고독과 연결에 대한 이 복잡한 모양의 고민을 나누고 싶다.

참, 여전히 답을 찾지 못한 질문도 많은데 언젠가 우연히 스치게 되면 의견을 주시면 좋겠다.

일주일 중 점심시간에 혼밥 하는 날은 며칠이 적당할까?

{1}

I형 인간의 직장생활

친구가 별로 없네요?

"친구가 별로 없네요?"

스물다섯, 인턴으로 근무한 기업의 최종 전환 면접에서 받았던 질문이다. SNS의 팔로워가 몇 명이냐는 질문에 한 200여 명 정도 된다고 단 한 치의 부풀림 없이, 있는 그대로 투명하게 말한 게 화근이었다.

아니, 어떻게 알았지? 그런 것도 티가 나. 꼬투리 잡힐 말을 해놓고도 그때 나는 속으로 면접관들의 혜안에 깜짝 놀라기만 했다. 그때나 지금이나 내 대답은 한결같다.

"네. 저는 친구가 별로 없습니다. 하지만 친구가 많지 않아도 함께 일하고 싶은 동료는 될 수 있다고 생각합니다."

팔로워 숫자가 너무 적은 것 같다는 공격을 필두로 나는

3대 1로 진행된 면접 내내 "너무 차분한 것 같다"라는 우려 아닌 우려에 "아니에요. 알고 보면 저 밝아요"를 보여주는 몇 가지 사례를 제시했다.

학교에서 사람들을 모아 여러 차례 면접 스터디를 하며 광고 업계가 차분하고 조용한, 이른바 내향적인 인간상을 그다지 선호하지 않는다는 정보를 듣고 대비를 한 덕분에 공이 날아올 때마다 피하지 않고 받아낼 수 있었다.

다행히 친구가 많지 않아도 일하는 데는 문제없다는 사실을 증명했던 건지 면접에 합격했고, 그렇게 첫 직장생활을 시작했다. 모 마케팅 에이전시, 사람들에겐 아직 광고 회사로 더 친숙한 기업이었다.

얼마 지나지 않아 면접관들이 왜 그렇게까지 집요하게 "너, 나댈 수 있어?"라고 질문했는지 깨달았다. 기가 빨려서 도망갈까 봐 미리 걱정해준 것이다. 타당한 걱정이었다.

회사는 온갖 특이한 이력을 지닌 다재다능한 인싸의 각축장이었고, 나는 어쩌다 핵인싸의 파티에 끌려온 아싸처럼 어색함을 느꼈다. 자아가 형성되기 시작한 이래로 언제나 혼자 노는 게 가장 재밌었던 나 같은 내향인이 낄 만한 자리가 아닌 것 같았다.

여기가 내 자리가 아닌가, 라는 근원적인 의심을 한 채 시작한 회사생활이었지만 새로운 조직에 적응하느라 처음 2년 정도는 고민할 틈도 없이 쏜살같이 지나갔다. 친구가 많지는 않아도, 아예 없지는 않았던 학창 시절처럼 회사에서도 비슷한 애들을 찾아 어울리니 외롭지도 않았다.

그러니까 혼자가 익숙한 내향인이라고 해서 회사생활에 딱히 어려움을 겪거나 불이익을 받은 적은 없었다. 철석같이 그렇게 믿었다.

문제는 똑같은 환경에서 같은 일을 해도 자기 성향에 맞는 사람들은 더 오래 일할 수 있다는 점이었다. 일단은 하겠는데 앞으로는? 지금은 괜찮지만 5년 후, 10년 후까지 괜찮을지 모르겠다는 불안이 점점 더 커졌다.

광고 회사의 일은 처음부터 끝까지 사람들과 협업하며 에너지를 바깥으로 쏟아야 하는 과정의 연속이다. 기본적으로 같은 내용을 적어도 세 번은 반복해서 각기 다른 사람에게 설명해야 하기 때문에 커뮤니케이션에 특히 품이 많이 든다. 광고주한테 일을 받아 외주업체와 함께 결과물을 만들어야 하는 대행사의 업무 구조 때문이다.

'광고주-에이전시-외주업체'의 깔때기형 업무 구조에서 중간자로 끼어 있는 에이전시는 커뮤니케이션의 감옥에서 벗어날 수가 없다. 내 생각을 설득시켜야 하고 수시로 변하는 상황을 공유하면서 때로는 누군가와 부딪히며 앞으로 나아가야 한다.

흔히 광고 회사에서 일한다고 하면 아이디어를 내기 위해 고민하는 시간이 많다고 생각하겠지만, 하루 중 대부분 전화 통화를 하고 이메일을 보내고 회의를 하면서 이곳저곳에 말을 하느라 바쁘다.

따로 생각할 시간이 주어지는 경우는 거의 없다. 생각은 틈틈이 쥐어짜내야 한다. 공백이 거의 없는 프로젝트 일정과 그에 맞춰 돌아가는 빡빡한 하루, 그리고 침묵 없는 소통이 반복될수록 나는 방전되어갔다.

그런데 놀랍게도 이 피곤한 과정을 (적어도 겉보기에는) 즐기는 것처럼 보이는 사람들이 있었다! 내 생각을 주장하고, 남을 설득하고, 때로는 밤늦게까지 논쟁하면서 하나의 결과물을 만들어내는 모든 과정을 '소진되는 과정'이 아니라 '생산하는 과정'으로 인식하는 이들. 개인플레이어인 나와는 달리, 협업을 선호하는 팀플레이어들이었다.

이들은 '우리가 함께 다음 단계로 나아간다'는 사실만으로도 기운을 얻고 스스로 동기부여를 했다. 퇴근한 후에도 회사 사람들을 따로 모아 자리를 만들었고, 프로젝트가 끝나도 함께 일한 다른 회사 사람들과 관계를 유지했다. 몸에 밴 습관처럼 자연스럽게 사람들을 살뜰히 챙겼고, 언제나 타인에게 부지런히 관심을 표현했다. 다른 사람에 대한 관심이 많은 만큼 조직의 사정에도 밝았고, 적극적으로 정보를 수집했다.

반면 나는 바깥을 향한 관심이 한참은 부족한 사람이었다. 오죽하면 별명이 '소문의 파쇄기'였을 정도다. 파쇄기에 넣고 폐기해야 할, 효용이 다한 문서처럼 내가 알 정도면 회사 사람들이 다 아는 철 지난 소식이라는 거였다.

그 정도로 회사와 회사 사람들의 사정에 무뎠다. 가끔 너무 무딘가 싶어 귀를 기울여보려 노력했던 적도 있지만, 얼마 지나지 않아 포기했다. 관심은 노력으로 생기지 않았다.

조직에서 힘든 일 한다고 소문이 자자한 팀에 배치된 탓

인지 상대적으로 이른 시기에 중요한 프로젝트에 참여해 성취도 인정받을 수 있었다. 그러니 더더욱 사람을 챙기는 것과 일은 아무 상관이 없다는 생각이 고착되어갔다. 하지만 평소에 사람 챙기는 일을 게을리하지 않은 사람만이 가능한 영역이 있다는 걸 깨달았다. 바로 아쉬운 소리를 해야만 하는 순간이었다.

사람과 사람이 함께 도모하는 일에는 반드시 갈등이 따른다. 또 적은 예산과 빠듯한 일정에도 불구하고 어떻게든 맞춰야 하는 을의 숙명 때문에라도 "어려운 부탁인 줄은 알지만…"으로 시작하는 아쉬운 소리를 해야만 하는 일이 심심찮게 벌어졌다.

이럴 때 상황을 해결하기 위한 실마리는 결국 시스템이 아닌 사람이었다. 평소 포인트를 쌓듯 함께 일하는 사람들과 차근차근 관계를 다져온 이들은 그런 순간이 오더라도 덜 흔들렸다. 어려운 부탁을 어렵지 않게 해결할 수 있다는 자신감마저 보였다.

반면 나는 어려운 부탁을 해야만 하는 상황이 닥칠 때마다 스트레스를 받았다. 쌓아둔 포인트가 없던 내가 갑자기

무릎을 꿇고 읍소한다고 한들 호소력이 있을 리 만무했다. 나에게 어려운 부탁은, 남에게도 어려운 부탁이었다. 융통성을 발휘해달라고 타인을 설득해야 하는 순간이 올 때마다 나는 불안해졌다.

무엇보다 일을 잘하는 게 중요하다고 말하지만 결국 그 '잘한다'라는 평가를 하는 건 기계가 아닌 사람이었다. 인사 고과나 승진 문제 같은 개개인의 운명을 결정짓는 중요한 문제도 사람과 사람의 입을 통해 전해지는 평판이 큰 영향을 끼쳤다.

인정을 받으려면 혼자 알고 있는 백 개의 성취보다 사람들이 다 아는 한 개의 성취가 더 중요했다. 내가 요즘 어떤 일을 하고 있는지, 또 앞으로 어떤 일을 하고 싶은지 기회가 올 때마다 주저하지 않고 표현하는 사람이 대체로 좋은 평가를 받았다.

게다가 나는 여러 사람이 함께할 수 있는 일을 그려내는 상상력이 부족했다. 조직에서 계속 일하다 보면 언젠가는 일을 받기만 하는 게 아니라, 스스로 만들어내야 하는 시점이 찾아온다. 그때는 정말 사람이 없으면 아무것도 도모할 수 없다.

실제로 어떤 신망받는 선배는 함께하고 싶다는 후배가 줄을 섰는데, 그렇지 않은 경우엔 팀원을 구하지 못해 쩔쩔맸다. 내 미래가 그들과 크게 다를 것 같지 않았다. 함께 일할 때 아무리 좋았던 사이라고 해도 나는 우리가 같이 도모할 수 있는 일이 무엇이 있을까 고민하는 사람은 아니었다.

언제나 타인과 함께할 수 있는 일을 자연스럽게 생각해내는 사람들이 곳곳에 널려 있었고, 그들과 달라도 너무 다른 내 성향을 하나씩 비교하며 자괴감에 빠졌다. 남들은 쉽게 하는 것 같은데, 기운이 쏙 빠질 정도로 버거운 일이 하나둘 늘어날 때마다 변화가 필요하다는 생각이 확고해졌다.

이 회사에 당장 몇 년은 다니겠지만, 절대 길게는 못 다닐 것 같은데? 어느새 '일단은 하겠는데 앞으로는?'이라는 막연한 불안은 '3년은 가능하지만 13년까지는 아니다'라는 꽤 구체적인 판단으로 바뀌어 있었다.

예상대로 나는 5년 차에 조직을 떠났다. 구체적인 계획은 없었다. 다만 약 5년간 바깥으로 에너지를 쏟으면서 남의 것을 만드느라 애를 썼으니 이제는 에너지를 안으로 집중시켜 내 것을 만들어봐야 할 시기라고 생각했다. 그렇게 나는 퇴사를 한 후 혼자 글을 쓰기 시작했다. 사실은 그때까지만 해도 글쓰기가 일이 될 수 있으리라 상상조차 하지 못했다.

회사에선 일만 잘하면 되지

회사생활에 피로함을 많이 느낀 건 사실이지만 사실 회사원이라는 직업에는 큰 불만이 없었다. 오히려 회사를 좋아하는 축에 속하는 편이었다. 만날 때마다 회사에 대해 험담을 하는 사람이 있는가 하면 "그래도 이만한 곳은 없을 거 같아"라고 말하는 사람도 있는데 나는 명백히 후자였다.

회사는 내가 처음으로 그럭저럭 견딜 만하다고 생각한 집단이었기 때문이다. 적어도 학교보다는 훨씬 나았다.

초중고 시절은 각기 다른 성향을 지닌 아이들이 종일 한 공간에 앉아 같은 시간표로 공부하기 때문에 혼자 있을 시간이 절대적으로 부족하다. 학교에서 혼자 있는 건 곧 따돌림을 당한다는 의미였고, 그건 전교생의 주목을 받는 피곤한 일이자 공포였기 때문에 자연히 학교에서는 학업 스트레스는 물론 교우관계 스트레스에 짓눌릴 수밖에 없었다.

회사는 달랐다. 모두가 생업을 위해 일한다. 같은 공간에 모여 있기는 하지만 각자의 시간표대로 일을 처리하면 그만이고, 친구를 사귀어야 한다는 압박도 전혀 없었다. 누가 밥을 혼자 먹든 말든 간섭하지 않는다는 점에서는 대학생 같으면서도, 조별과제처럼 자기 맡은 일을 하는 대신 보상을 받는다니! 매달 약속된 날짜에 입금되는 월급과 보너스는 설탕을 입힌 도넛처럼 달콤했다.

달콤함은 영원하지 않았다. 사람은 버튼을 누르면 움직이는 기계처럼, 입금이 된다고 자동으로 움직여지지는 않았다. 딱 1년이 지나자 월급이 주는 달콤함에 내성이 생겨 이제는 월급을 받아도 아무런 감흥이 없었다.

월급이 당연하게 느껴지자 그 자리를 대신한 건 사람이었다. 나의 첫 회사생활이 절대 짧지 않은 약 5년이란 기간 동안 지속될 수 있었던 건 사회초년생 시절에 만난 좋은 사람들 덕분이었다.

언제나 무리의 중심이었을 것 같은 핵인싸로 득실득실한

회사였지만 그만큼 개성 강한 사람들이 많이 모여서 그런지 개인의 성향을 존중하는 분위기가 형성되어 있었다. 단체 활동을 강요하지 않았고, 함부로 사적인 질문을 하지 않았으며, 개인의 시간을 존중했다. 팀마다 편차는 있었지만 다행히 나는 내 성향과 잘 맞는 선배들과 일할 수 있었고, 덕분에 사회생활의 첫걸음을 큰 진통 없이 뗄 수 있었다.

선배들은 나에게 해맑은 막내 노릇을 요구하지 않았다. 대신 프로페셔널한 모습을 기대했고, 역량을 개발하고 성장하기를 원했다. 처음 하는 일에 버벅대는 나에게 조급해하지 않아도 된다며 기다려주는 인내심도 있었다. 잘한 일에 대해서도 무엇을 잘했는지 꼭 피드백을 해줬다. 개인적인 성취를 중시하는 나에게 잘 맞는 조련법이었다.

인맥 관리를 하려는 의도가 보이는 정치적인 사람을 보면 "난 걔 느끼해서 별로더라"라고 말하던 선배들은 필요한 말만 했고, 필요한 일만 시켰다. 자기가 하기 싫은 불합리한 일은 남에게도 시키지 않았다.

아무리 생각해도 운이 좋았다. 태어나서 성인으로 성장할 때까지 부모님께 빚을 졌다면, 20대에 만난 선배들 덕에 사회인이 되기 위한 껍질을 한 번 더 깰 수 있었다.

회사를 그만둔 지금도 여전히 인생 선배로 여기는 한 언니가 있다. 한때 내가 리더가 된다면 그 언니처럼 되고 싶다는 꿈을 품었던 적도 있다. (그때는 당연히 계속 회사원으로 살 줄 알았다!)

언니 역시 느끼함과는 거리가 먼 담백한 사람이었다. 목적이 빤히 보이는 인맥 관리에 열을 올리는 사람들을 보는 것만으로도 거부감을 느꼈던 나는 언니의 담백함이 강점이라고 생각했다. 담백한 사람의 다른 말은 '맡은 일에만 집중하는 사람' '사람을 목적을 이루기 위한 수단으로 대하지 않는 사람'이기도 했다.

나 역시 언니를 닮아 담백해지고 싶었다. 엉뚱한 곳에 힘을 쏟을 시간에 일이라는 본질에 더 집중하는 사람이 되자. 남몰래 롤모델을 설정하고 목표를 세웠다. 그런데 내가 보기엔 완벽해 보이기만 했던 언니에게도 걱정이 있다는 것을 알게 되었다.

"내가 너무 어필을 못해서 나랑 같이 일하는 사람들이 낮은 평가를 받는 게 아닐까 미안해질 때가 있어."

언니가 고과를 결정하는 윗사람에게 "우리 애들 좀 잘 챙겨주세요"라는 호소를 충분히, 혹은 효과적으로 하지 못한 탓에 후배들이 평가절하당하고 있는 걸까 봐 미안하다는 것이었다. 그즈음 또 다른 선배도 비슷한 고민을 토로한 적이 있었다.

"내가 너무 일만 하고 있나, 잘못하고 있는 게 아닌가 싶어."

선배는 그날 한 임원에게 "여자애들은 자기가 하는 일에 비해 어필을 너무 못하는 거 같다"는 피드백을 받은 뒤 그런 고민을 하게 되었다고 말했다.

그즈음 자기 PR에 대한 고민을 토로하는 사람들은 죄다 여자들인 데다가, 고과에 이의를 제기하거나 팀장님께 농담을 가장해서라도 섭섭하다는 의사 표현을 해서 내가 부당한 평가를 받았다고 생각한다는 사실을 어떻게든 외부로 알리는 남성 동료들은 심심찮게 보았기 때문에 나 역시 한동안 '정말 여자들은 남자들에 비교해 자기자랑을 못하는 걸까?'라는 고민에 휩싸였다.

그러다 이내 "여자들은 어필을 못한다"는 말이 언뜻 여성의 업무 능력을 추켜세우는 것처럼 보이지만 사실은 공정하지 못한 평가 결과를 시스템이 아닌, 개인의 탓으로 돌리는 교묘한 책임 전가라는 사실을 깨달았다.

'어필'이란 애매모호한 영역을 평가의 항목으로 포함하는 순간, 납득이 가지 않는 결과를 받았을 때 개인은 문제의 원인을 먼저 나한테서 찾게 된다. 점수를 매기는 사람에게 내가 평소에 잘 보이지 못했다는 사실을 자책하는 것이다.

그런데 그 어필이라는 걸 못하는 게 과연 성별의 문제일까? 물론 자라면서 심심치 않게 나대지 말아라, 시끄럽게 굴지 말아라, 조심해라 하는 명령어를 한 번이라도 들어본 경험이 있는 대다수 여성은 '그래, 맞아. 여성은 자기검열이 몸에 배어 있어. 어릴 때부터 그렇게 자란걸'이라고 생각할 수 있을 것이다.

많은 관리자가 바로 그 지점을 교묘하게 파고들어 부당한 결과에 이의 제기하고 싶다는 의지 자체를 꺾어버린다. "그러게, 남자애들처럼 평소에 자신감 있게 어필을 하지 그랬어"라는 말은 조직 내 많은 여성이 납득할 수 없는 성적표를 받아든 뒤에도 차마 이의 제기도 하지 못하고 입을 꾹 다

물게끔 만드는 주문이다.

문제는 애매한 평가 기준과 불투명한 평가 과정이라는 시스템이지 개인이 아니다. 어째서 결과에 대한 마음 부담까지 개인이 오롯이 감당해야 하는 걸까.

의욕이 사라진 것 같은 언니들의 얼굴을 볼 때마다 일에 대한 고민이 아닌, 엉뚱한 고민을 하게 만들고 개인의 사기를 꺾는 구조에 화가 났다. 게다가 타인과의 경쟁에 관심이 없고 상승 욕구가 크지 않은 나 같은 사람은 '그렇게까지 해서 좋은 점수를 받고 올라가야만 하나?'라는 근본적인 의문이 들었다. 좋은 평가를 받고 인정을 받아 높은 직위까지 오르면 뿌듯함이 들겠지만 느끼한 사람이 되면서까지 올라가야만 하나 의문이었다. 그저 담백하게 맡은 일만 잘하면 되는 거 아닌가.

매일 맡은 일을 실수 없이 말끔하게 처리하는 데 집중하기만 해도 하루 24시간, 일주일, 한 달이 쉽게 흘러갔기 때문에 언니의 걱정은 쉽게 내 머릿속에서 잊혔다.

수년이 지난 후 퇴사를 결정하고 나서 언니를 만났을 때 이런 말을 들었다.

"내가 너무 이 자리에 오래 있으면 밑에 있는 친구들한테 기회가 가지 않으니까."

그제야 언니의 마음이 이해가 갔다. 내가 올라가야 후배도 올라올 수 있고, 내가 자리에서 물러나야 후배에게 그 기회가 돌아간다. 너무나도 당연하지만, 사원이던 시절에는 고려할 수 없었던 조직의 섭리였다.

모두가 한정된 자리를 두고 의자 뺏기 게임을 한다. 언니는 빨리 일어나 새 의자를 찾아가야 의자 없이 서 있는 누군가를 앉힐 수 있다는 부담감을 느꼈다. 나의 현재 상황만 생각하는 게 아니라, 다음을 생각하는 사람이기에 할 수 있는 걱정이었다. 내가 같은 자리에 머무르는 기간이 길어질수록 후배들은 더더욱 기회를 얻기 어렵다는 마음의 짐 때문에 주위의 평가와 피드백에 귀를 닫고 내 할 일만 하는 사람으로 지낼 수는 없었던 것이다.

"네가 힘들지는 않은지 진작 물어봤어야 했는데, 미안하다."

그러면서 미안하다는 사과의 말을 했다. 나는 겸연쩍어졌다. 누구한테 사과를 받자고 선택한 퇴사는 아닌데, 자꾸만 미안하다는 언니한테 "아니에요, 왜 그런 말을 하세요"라며 말을 얼버무리고 말았다. 만약 다시 그날로 돌아가면 그때 하고 싶었던 말을 이제는 제대로 할 수 있을 것 같다.

"나야말로 미안해요, 언니. 언니의 고민을 귀담아듣지 못했어요. 언니 말에 공감하려면 한참은 더 시간이 필요했나 봐요."

얼마 전 언니가 관리자로 승진했다는 소식을 들었다. 그러면서 언니의 후배도 함께 승진했다고 하니, 언니가 앉아 있던 자리에서 일어나 새로운 의자를 찾아가면서 후배에게도 기회가 가게 된 것이다. 언젠가 나도 때가 되면 이동해서 후배들한테 자리를 내어주는 선배가 되고 싶은데, 나도 언니처럼 될 수 있을까.

그런 솔직함은 너무 부담스러우니까

사회생활을 시작한 지 얼마 지나지 않아 문화충격을 느꼈다. 어떻게 다들 아무렇지도 않게 자기 얘기를 하는 거지? 약점이 될 법한 이야기마저도 점심 저녁으로 거리낌없이 털어놓는 사람들 앞에서 나는 화들짝 놀란 마음을 감추고 가만히 고개를 끄덕이며 말했다. 네, 그러셨군요. 맞죠. 힘들겠어요.

그 시절 나와 관계를 맺었던 이들은 사람이 아닌 자동응답기를 앞에 두고 혼잣말을 쏟아내고 있다는 언짢은 기분을 느꼈을 수도 있다. 어떤 동료는 "당신은 로봇입니까?"라는 뼈 있는 말로 놀리기도 했다. 상호작용이 필요한 대화에서 자주 미끄러지는 기분을 느끼다 보니 동료와 가장 많은 대화가 오가는 점심시간마저 달갑지 않았다.

소설 《어비》에서 주인공 '나'는 아르바이트를 하는 물류창고에서 '어비'라는 이름의 인물을 만난다. 무뚝뚝한 어비는 함께 일하는 사람들과 말을 섞지 않고 일만 한다. 어비는 필사적으로 무리에 섞이지 않으려는 사람처럼 보인다. 그런 어비가 눈에 밟혀 은근히 마음에 담아두던 주인공은 퇴근길에 어비와 단 둘이 남은 날, 살갑게 이런저런 말을 걸지만 어비는 분명하게 말한다.

"할 말이 없어요."

내 안에도 어비가 산다. 무엇이든 말해야 한다고, 사회인이라면 응당 그러는 게 맞다고 다그치는 사람들 틈에서 침묵의 자유를 주장하는 고집스러운 어비가 튀어나오려고 할 때가 있다. 20대 내내, 내 안에 사는 어비가 언제 튀어나올지 모른다는 생각에 노심초사했다.

침묵 속에서 지내고 싶다는 충동이 불쑥 올라올 때마다 오히려 과하게 쾌활한 태도를 보였다. 할 말이 없다는 퉁명스러운 말이 흘러나올까 봐 마음에도 없는 말을 쉼 없이 지어내기도 했다.

흔히들 자기 애기를 솔직하게 하는 게 중요하다고 하지만, 사회생활을 하면서 정말 솔직함이 능사인가 하는 의문이 들었다. 각자 사적인 생활에서 발생한 문제를 탁자 위로 꺼내어 놓고 두루두루 돌려보며 한자리에 모인 사람들끼리 관계를 돈독히 다질 수 있다고 믿는 사람도 있다.

그런데 사적인 문제를 바깥으로 표현하며 스트레스를 푸는 성향이 아닌, 가급적 다른 일로 잊어보려 노력하는 회피형 인간은 이럴 때 집 안의 막힌 배수구에서 올라오는 악취가 일터까지 따라붙은 것 같은 괴로움만 커진다.

간밤에 막힌 배수구 이야기를 하는 동안 마음의 응어리가 풀리는 사람도 있겠지만, 같은 문제를 아무리 반복해서 얘기해도 지금 당장 배수구를 뚫을 방법은 없다는 현실을 직시하며 답답함만 커지는 사람도 있는 것이다. 배수구가 막혀서 어떡하냐는 말 열 마디가 아닌, 집에 돌아가는 길에 내가 직접 마트에서 구입할 성능 좋은 클리너가 문제를 해결할 것이기 때문이다.

듣는 쪽에서는 사안의 크고 작음을 떠나 개입의 여지가 전혀 없는 문제는 귀 기울여 듣기 어려울 때가 많다. 듣는 이의 입장을 고려하지 않고 솔직함을 방패 삼아 자기 얘기만 늘어놓는 사람에게 염증을 느낀 이들이 많아지면서 신조어까지 생겨났다. "그건 TMI야."

선을 넘는 이야기에는 당당히 거부권을 행사하는 표현이 등장한 것이다. Too much information, 과하게 많은 정보를 뜻하는 'TMI'라는 단어가 통용되자 자기 이야기만 하기에 바쁜 사람에게 피로함을 드러내기가 쉬워졌다.

어느 순간 일터를 비롯해 여럿이 어울리는 모임에서도 세세한 개인사를 입에 올리는 사람은 찾아보기 어려워졌다. 오로지 자기 안의 스트레스를 해소하려는 목적으로 상대방을 이용하는 것 같은 사람들의 발화를 원천 봉쇄하는 마법의 표현이 생기자 통쾌했다.

'솔직히'라는 단서를 달아 누군가에겐 상처를 입힐 만한 발언도 부끄럼 없이 내뱉는 사람에게서 나를 방어할 때도 유용한 표현이기도 했다. 나 역시 한동안 'TMI'라는 단어를 요긴하게 사용했다.

그런데 알고 싶지 않은 타인의 속사정을 듣지 않을 권리가 있다는 문화가 자리 잡자 대화의 기술이 점점 복잡해져

갔다. 이제는 적당량의 솔직함을 발휘하는 기술까지 연마해야 하는 것이다.

사람은 어느 정도 자기 이야기를 노출하는 사람에게 인간미를 느낀다. 듣는 사람을 배려하며 대화하려면 결국 상대방이 불편해하지 않을 선을 가늠하는 눈치를 먼저 챙기고, 그다음으로 보여줄 곳과 숨길 곳을 판가름해 편집하는 과정까지 거쳐야 하는 것이다. 복잡한 기술을 탑재해 대화하고자 노력하는 사람들이 많아지면서, 말은 끊기지 않는데 알맹이는 없는 것 같은 대화가 많아졌다.

너나없이 앞다투어 속얘기만 꺼내는 상황도, 사각 팬티만 입고 거실에 드러누워 있는 직장 동료의 모습을 보게 된 것처럼 당황스러웠지만, 오로지 침묵을 메우기 위한 대화도 곤란하게 느껴졌다. 정말로 하고 싶은 이야기는 각자 자기만의 방에 숨겨둔 채 필사적으로 가벼운 화제만 꺼내드는 것 같은 위선적인 대화에 참여한 날이면 허탈함만 들었다.

그럼에도 어떤 상황에서든 대화가 끊어지지 않도록 이어가는 기술은 연차가 쌓이듯 꾸준히 늘어갔다. 진심 없는 대화를 유려하게 이어가는 내 모습이 신기하면서도 징그러웠다. 학습한 답안을 착실하게 출력하는 인공지능과 나란 인간이 다를 바가 없는 것 같았다.

하고 싶지 않은 말을 많이 한 날이면 사람 없는 작은 서점으로 숨어 들어갔다. 퇴근이 늦어진 날이면 심야 책방을 운영하는 곳을 찾아갔다. 주인 한 명이 모든 일을 직접 하는 독립서점을 돌아다니며 한 사람의 취향은 물론, 기호와 성격까지 반영된 것 같은 개성 있는 공간을 소개팅하는 마음으로 하나하나 알아갔다. 공간의 분위기가 백이면 백 다른 것처럼 서점 주인이 손님을 대하는 접객의 방식도 다양했다.

서가 앞에서 책을 구경하면 먼저 말을 걸고 책을 꺼내들어 추천하는 적극적인 주인장도 있었지만, 어떤 서점은 내가 투명인간이 된 건 아닐까 하는 망상이 생길 정도로 무심한 태도를 보이기도 했다.

한번은 큰 모니터를 쳐다보며 집중하고 있는 주인장의 눈이, 중요한 보고 문서를 작업하느라 퇴근하지 못하는 회사원의 눈과 꼭 닮아서, 책을 고르고도 차마 가격을 물어볼 수 없어 다시 내려놓고 슬금슬금 도망치듯 나오기도 했다. 기어들어가는 목소리로 "안녕히 계세요"라는 인사를 건네며 생각했다. 너무 불친절한 거 아니야? 괜히 왔나? 초대받지 못한 손님이 된 것 같았다.

한 달 뒤, 나는 서울 시내에 있는 무수히 많은 독립서점 중에서도 유독 불친절하고 무심하다며 언짢아한 서점만 골라 방문하는 변태적 취향의 손님이 되었다. 먼저 다가와 말을 건, 살갑고 친절한 책방 주인에게 유감은 없다.

다만 온탕과 냉탕 수준으로 극단적인 응대 방식을 경험하며 내 성향을 돌아보는 계기가 되었다. 나는 대화를 할 때 받은 만큼 돌려줘야 한다는 압박을 강하게 느끼는 사람이었다. 상대가 솔직하면 나도 솔직하게, 적극적인 태도엔 나 역시 질 수 없으니 그만큼 적극적으로. 무조건 일대일로 대응해야 한다는 의무감이 앞서는 통에 마음이 열리지 않은 상태에도 내 마음의 온도는 무시하고 머리부터 써서 대화를 이어가느라 어려움을 느꼈던 것이다.

자기만의 공간을 운영하는 이들이 모두 정확히 같은 방식으로 손님을 대할 수 없는 것처럼 모두가 같은 농도의 솔직함을 발휘하며 살 수는 없다. 사람 역시 하나의 '공간'이라고 생각하자 복잡했던 대화의 기술도 조금은 단순해졌다.

문을 열자마자 "어서 오세요!"라는 우렁찬 인사와 시끌벅적한 환대가 장점인 공간도 있지만, 편안하고 아늑한 분위기와 고요함이 장점인 공간에서는 말 없이 눈인사 정도만 주고받는 편이 자연스럽다.

고요하고 평온한 분위기가 장점인 나란 공간의 특성을 바꾸려 하는 대신, 이제는 사람을 대할 때 내 마음이 열린 만큼만 솔직하게 대하려 한다. 모든 사람이 낯선 사람과 거리낌 없이 쾌활하고 솔직하게 대화를 주고받을 수 있는 건 아니니까. 대화란 공을 주고받으며 점수가 날 때까지 이어가야만 하는 스포츠 게임이 아니니까.

적극적이고 솔직한 태도를 지닌 사람을 만나면 '응수한다'는 마음 대신 새로운 공간을 '탐험한다'는 기분으로 안내자의 손짓에 내 발걸음을 맡긴다. 그래도 가끔은 여전히 침묵이 두렵다. 관성처럼 마음이 담기지 않은 기계적인 말이 튀어나올 것 같은 순간에는 내 안에 지어둔 작은 서점을 떠올린다.

독립적인 개인주의자로 버티며 살기

"유미의 생각이 듣고 싶었던 건데, 많이 놀랐니? 그날만 생각하면 아직도 미안하다."

나는 인생 첫 편지를 카세트 테이프로 받았다. 엄마의 도움을 받아 플레이어에 테이프를 넣고 재생하자 이복영 선생님의 목소리가 흘러나왔다. 오십을 목전에 둔 담임 선생님이 전학을 앞둔 만 7세 황유미에게 쓴 편지는 '미안하다'는 사과로 시작되었다. 나이 지긋한 선생님이 반 학생에게 녹음까지 해서 사과를 해야만 했던 사건의 전말은 이러하다.

학교에 입학하자 미취학 아동 시절과는 차원이 다른 문제에 직면했다. 바로 자기 존재를 증명해야 한다는 것이었다. 학교에서 부여한 번호를 포함해 이름을 밝혀야 하는 자기소개부터 정답을 제출해야 하는 시험까지 온 세상이 네 정체를 밝히라고 들들 볶아대는 기분에, 교실에만 들어서면 말린 대추처럼 쪼그라들었다.

특히 앉아 있던 사람을 갑자기 일으켜 세워 정답을 말하도록 하는 발표의 순간이 올 때면 쪼그라든 몸과 마음은 단단히 얼어붙어버려서, 아주 약간의 충격만으로도 부서져 사라질 수 있겠다 싶을 정도로 위태로웠다.

이름이 불리면 벌떡 일어나 답을 얘기하는 친구들을 기인 바라보듯 신기해하며 마른침만 삼키던 나에게도 드디어 차례가 오고야 말았다. 선생님이 내 이름을 부르고 만 것이다. 이름이 불리던 순간부터 머리가 새하얘진 나는 간신히 일어났다. 갑자기 교실에 있는 모든 사람이 내 입만 주시하며 호된 목소리로 닦달하는 것만 같았다. 답을 말해, 어서. 지금 당장!

천둥 같은 목소리가 들려오자 당황한 나는 어찌할 바를 몰라 입 한번 떼지 못하고 그대로 울어버리고 말았다. 터져버린 눈물은 그칠 줄 모르고 종국에는 숨이 꺽꺽 넘어갈 정도로 통곡했다.

유연성 없이 뻣뻣하게 타고난 사람이 무용 수업 첫날부터 다리를 일자로 찢을 수 없듯, 어떤 사람에겐 사회성도 여러 해에 걸쳐 꾸준히 단련해야 하는 영역이다.

어처구니없을 정도로 사회성이 부족했던 어린 시절, 학교에서 겪은 일을 통해 나는 타인 앞에서 자기표현을 해야 하는 순간마다 왠지 모르게 큰 잘못을 저질러 처벌받을까 두려워하는 아이처럼 벌벌 떤다는 것을 알았다.

꼭 정답을 맞혀야 하는 순간이 아니더라도 어느 집단이든 당신이 우리와 잘 어울리는 사람이라는 걸 증명하라는 요구는 끊이지 않았고 강도는 점차 심해졌다. 작게는 좋아하는 음식과 취미 같은 취향, 크게는 인생의 목표와 가치관까지 어느 하나 모난 지점이 없어야 이상 없다는 증명을 받아 무난하게 집단에 편입될 수 있다는 사실을 깨달은 뒤부터 내 생각과 존재를 있는 그대로 자연스럽게 표현한다는 건 더더욱 상상하기가 어려워졌다.

하필이면 사회적 교류의 매개체가 되곤 하는 알코올과 카페인은 물론, 인구 밀도가 높고 소음 많은 장소에 가면 급격히 예민해지는 몸 상태 때문에 오해를 받기도 했다. (우리랑 노는 게) 재미가 없니? 혹은 넌 대체 무슨 재미로 사냐는 말들. 사람들이 모이는 자리, 특히 좋아하는 사람들이 있는 자리엔 빠짐없이 꼬박꼬박 나갔지만 본의 아니게 매번 뻣뻣한 통나무처럼 자리만 지키며 주위 사람들을 눈치 보게 만든 것 같아 미안해졌다.

그런데도 너희끼리 재미있게 놀아라, 하고 쏙 빠져버리면 어쩐지 지는 기분이라 몸이 보내는 신호도 무시하고 같이 놀자며 엉겨 붙었다. 타고난 악조건을 극복해보겠다는 결연한 심정으로 나만 아는 고독한 시위를 이어갔다. 그때 머리에 두른 띠가 있었다면 아마 '소외되지 않기'라 적혀 있었을 것이다.

언제 배제될지 모른다는 두려움 때문에라도 내 상태와 생각이 투명하게 드러나지 않도록 말수를 줄였다. 체질에 대한 구구절절한 설명을 늘어놓으면 까다롭고 어울리기 힘든 사람이라는 인상을 줄 것 같았다.

마음이 불편하면 위장이 꼬이고, 6명 이상 모이면 누구 얘기에 귀 기울여야 할지 판단하는 데만 한참이 걸려 고개를 눈에 띄게 좌우로 돌리며 허둥지둥하는 사람, 한 번에 두 가지 일(예컨대 식사하면서 대화하기)은 곧 죽어도 못하는 인간이 낯선 사람 수십 명과 보조를 맞춰야 하는 광고 업계에서 기질을 감추기란 재채기를 숨기는 것만큼 어려운 일이었다.

얼굴에 묻은 피곤을 숨길 수 없어서 종종 "어디 불편하세요? 아프신 거 아녜요?" 하는 걱정 섞인 말을 들었지만, 내 대답은 갈수록 짧아졌다. 신경 써주셔서 감사해요. 괜찮습니다. 아니에요.

타고난 기질까지 숨겨가며 어울리려고 애썼지만 언제나 찬물에 다 녹지 않은 알갱이처럼 부유하는 기분이었다. 단단한 소속감에서 비롯된 안정감을 느낄 수 없었다. 단 한 순간도.

자신이 어느 집단의 구성원이라는 이유 하나만으로도 자부심을 느끼며 "우리가 남이가"를 외치는 사람을 볼 때면 어린 시절 거침없이 발표하던 친구를 보던 눈길로 신기하게 바라보았다.

내 존재를 있는 그대로 노출할 수 없다고 생각하는 집단에 애정을 느끼고 뿌리를 내리기란 어려운 일이었다. 얼굴에 피곤이 역력한 애를 굳이 불러내는 악취미를 가진 사람도 많지 않아서, 시간이 흐르자 알게 모르게 이런저런 자리에서 하나둘 배제되기 시작했지만 손쓸 방법도 없었다.

그때쯤 한 언니가 퇴사 소식을 전하며 밥을 사겠다고 했다. 언니는 밥을 먹다가 큰 결심이라도 한 듯 일일드라마 속 아버지처럼 갑자기 수저를 탁 놓더니 말했다.

"너는 케어를 충분히 받을 수 있는 상황에서도 못 받는 경향이 있어. 네 상태를 더 노출하고, 말해야 해."

정곡을 찔린 것 같았다. 그즈음 내가 많이 듣던 말이 "너는 알아서 잘하잖아"였다. "네가 있으니까 걱정할 필요 없겠다"는 말도 자주 들었다. 처음에는 내 잠재력에 대한 긍정적인 평가라고 생각하고 기분 좋게 받아들였다.

그러나 몇 개월도 지나지 않아 진저리가 났다. 그런 말이 들릴 때마다 되묻고 싶었다. 어째서요? 어딜 봐서 그렇게 느끼시나요? 이유를 정확히 짚어주실 수 있을까요?

나는 스스로 제 앞길을 개척하는 영웅이 되고 싶지 않았다. 가능하다면 여러 사람의 도움을 양껏 받아 꽃가마 타고 돌부리 하나 없는 비단길만 밟고 싶은 의존적인 사람이었다.

주위에 내 상태를 노출하고 설명하는 과정을 버거워하는

성향과 능력 없다는 낙인이 찍힐지도 모른다는 두려움이 합쳐져 가급적 조용히 혼자 해결하다 보니 어느 순간 고립이 된 것이다. 스스로 유능한 해결사가 되었다는 착각에 빠져 지냈지만, 사실은 누구라도 다가와서 구해줘야 하는 고립된 조난자와 마찬가지였다.

이때부터 "너는 알아서 잘하겠지"라는 말을 함부로 남발하지 말자고 다짐했다. 그런 말은 신뢰를 나타내는 다정한 표현이 아니라 소통을 단절하는 신호가 된다는 걸 몸소 느꼈기 때문이다.

말을 해야 알지, 말도 안 하는데 어떻게 아느냐는 말은 백번 맞다. 타인의 마음을 속속들이 읽어낼 수는 없다. 그러나 세상에는 자신의 상태를 보여주는 일이, 특히 취약점을 설명하는 일이 유독 어려워 시간이 걸리는 사람들이 있다. 타고난 소통 능력이 부족하고 수줍음이 많은 이들에게는 "알아서 잘할 것 같다"는 막연한 말이 뛰어넘을 수 없는 벽처럼 거대하게 느껴진다.

나 역시 말수 적고 답답한 사람, 표현을 제때 하지 못하는 사람 앞에서 바닥난 인내심을 가차 없이 드러낼 때가 있었다. 매끄러운 얼굴과 능숙한 태도로 사회성을 발휘하는 건 직업인의 기본적인 의무라고 생각했다.

혼란스러운 얼굴로 주위를 두리번거리는 사람, 두려움이 깃든 얼굴로 울먹이는 사람을 마주하면 '이상한 사람'이라는 말로 흠을 보기도 했다. 그 시절 내가 함부로 넘겨짚고 흠을 보던 사람들의 태도는 사실 지우고 싶은 내 모습이기도 했다.

태연한 얼굴로 아무 문제없다는 듯 자연스럽게 행동하는 사람들 틈에서 어딘가 불편해 보이는 이를 만나면 이상하다는 말로 밀어내기 전에, 교실에 서서 울어버린 그날의 기억을 곱씹는다.

울음이 터진 내 앞엔 선생님이 있었다. 교탁 앞에 있다가 내 자리까지 한달음에 달려온 선생님은 부드러운 목소리로 나를 달랬다. 교단에 선 선생님은 태산처럼 크게 느껴졌는데, 막상 내 앞에 선 단발머리를 한 선생님은 체구가 매우 작아 레고 인형처럼 보이자 요동치던 감정도 잔잔해지기 시작했다.

그 순간 옆에 앉은 짝꿍이 느닷없이 박수를 쳤다. 짝짝짝. 한 번으로 끝나지 않은 짝꿍의 박수 소리를 따라 교실에 있던 다른 친구들도 손을 모아 박수를 쳤다. *짝짝짝짝짝*. 내 자리에서 시작된 박수 소리가 파도 타기처럼 교실 여기저기에 퍼져나갔다. '발표하다 울음 터진 친구를 위한 축하 파티'를 연 것처럼 교실 안을 가득 메웠던 무거운 분위기가 박수 소리 하나로 순식간에 발랄하게 바뀌었다.

요령 없고 겁 많은 뻣뻣한 사람 옆에서 박수를 치며 기다리는 사람이 되고 싶다. 옆자리 친구가 수치를 느낄까 봐 기지를 발휘한 짝꿍처럼.

쭈뼛거리는 사람, 어딘가 어색해 보여서 미덥지 못한 사람의 역량을 함부로 넘겨짚고 싶어질 때면, 어디를 가도 치이고 흔들리는 기분 때문에 자주 휩쓸렸던 과거의 내 모습을 꺼내본다.

사회생활이란 불편한 사람과 밥 먹는 것

올해 첫 아이스라테(아라)를 얻어먹었다. 지난번에도 아라를 사준, 커피 잘 사주는 예쁜 아라 언니랑 테라스에 앉아 새순이 돋아난 나무 밑에서 대화를 나누었다. 아라와 마주 앉아 아라를 마시는 순간이 가능한 한 느리게 흘러갔으면 하며, 커피가 줄어드는 게 보이지 않을 정도로 야금야금 천천히 마셨다.

누군가와 밥 한 끼를 배불리 먹은 뒤 야외에 앉아 걱정 없이 속 편하게 커피를 마시는 날이면, 성공과 실패가 50대 50 반반인 게임에서 행운을 빌려 간신히 이긴 기분이다. 밥 먹고 커피 한잔 하는 지극히 평범한 사회인의 루틴이 나에겐 소화하기 벅찬 과제일 때가 있기 때문이다.

영화 〈나이브스 아웃〉에는 거짓말만 하면 구토하는 특이 체질을 타고난 인물 '마르타'가 등장한다. 아가사 크리스티 스타일의 정통 추리극 주인공이 거짓말을 하는 순간 속에 있는 걸 다 게워내는 사람이라니. 어쩜 좋아, 저 불쌍한 친구. 안타까워라. 나는 무조건 마르타 편이야.

물 샐 틈 없이 잘 짜인 추리극에 순식간에 빠져들었지만 마르타를 보며 느낀 연민이 지워지지 않았다. 범인 후보가 좁혀지고, 반전을 거듭하며 영화는 절정을 향해 갔지만 내 관심사는 영화가 끝나는 순간까지 오직 마르타의 안위 하나뿐이었다. 추리극을 보면서 범인 맞추기 놀이도 하지 않고, 오로지 연민이 가는 캐릭터 한 명에 매료된 채 오직 그녀의 행복만 바라다 영화 한 편이 끝나버린 것이다.

사실은 나도 마르타와 비슷한 증상이 있다. 불편한 식사를 하고 커피(특히 라테)까지 마시면 열에 아홉은 꼭 탈이 난다. 다만 그 자리에서 곧바로 토하는 마르타와는 다르게 증상은 보통 두어 시간 후, 약속이 끝난 뒤 홀로 지하철을 타고 집으로 돌아가는 길에 시작된다.

혼자가 된 순간, 온몸의 긴장이 풀리면서 배가 살살 아프다. 쓰린 배를 부여잡고 네 시간 정도 끙끙대면 거짓말처럼 괜찮아질 때도 많지만 통증이 심한 날엔 지하철 아무 역에 내려서 가장 가까운 약국으로 뛰어가 위장약을 달라고 해서 먹었다. 심한 날엔 지하철 역사 내에 있는 화장실로 뛰어들어가 점심에 먹은 메뉴를 두 눈으로 확인하기도 했다.

사회초년생 시절엔 그런 내 체질을 받아들이지 못하고 무리한 약속을 잡아 혼자만 아는 통증을 참으며 버티는 미련한 짓을 반복했다. 나이가 들고 경력이 쌓이면서 불편한 만남을 차단하는 요령이 생긴 뒤엔 가급적 만남 자체를 차단하거나, 약속 전날부터 몸과 마음을 단단히 매만졌다.

소화가 쉬운 음식을 챙겨 먹고, 좋은 몸 상태를 유지하기 위해 약속 전날에 절대 무리하지 않기. 약속이 생기면 그날 아침에 옷을 고르고 외출 준비를 하는 사람들과 달리, 나의 준비 시간은 남들보다 최소 하루는 더 필요한 것이다.

업무상 이유로 관계를 유지해야 하는 비즈니스 파트너와의 만남은 피할 수 없으니 내가 먼저 장소를 제안했다. 나에게 익숙하면서 편안한 환경에서 식사를 하기 위해서였다. 대부분 약속 장소를 정하는 일은 성가시다 생각하기 때문에 "제가 잘 아는 곳이 있는데요"라는 말로 운을 떼면 상대는 좋아했다.

낯선 환경에서 불편한 사람과 대면할 때마다 몸이 먼저 반응해버리는 체질 때문에 곤란한 일도 많았지만, 나에게 불편한 요소를 하나라도 제거하려고 노력하면서 아등바등 사회생활의 수명을 연장해갔다. 사람이 불편하면 장소와 메뉴라도 내 마음이 편안한 쪽으로 골랐고, 소화하기 힘든 메뉴를 먹어야 하는 날엔 대화를 주도하고 쉴 새 없이 이야기를 하면서 음식을 덜 먹었다.

수없이 많은 시행착오 끝에, 불편한 사람과는 굳이 관계를 이어가려 노력하지 않는 편이 좋다는 단순한 이치를 깨달았다(그걸 이제야!). 너무 많은 관계는 독이 된다는 메시지를 설파하는 자기계발서가 넘쳐날 때만 해도 남의 일 같았지만 내 몸이 아우성을 치니 버텨낼 재간이 없었다.

어영부영 끌고 왔던 복잡한 관계망을 단순화하기로 했다. 기준은 딱 하나, 만나면 체하지 않는 사람! 미련한 20대를 훌륭히 버텨낸 내 위장의 노고를 기리며 관계를 정리했다. 그야말로 살기 위한 결단이었다.

내 위장에 사는 '라테의 신'을 받아들이자 인간관계를 머리 싸매고 고민할 필요가 없다는 장점이 보였다. 밥 한 끼 먹고, 라테 한 잔만 마시면 위장에서 알아서 판단해준다니 이 얼마나 신묘한 거름막이란 말인가. MBTI도, 궁합도, 별자리 점도 필요 없는, 사람에 대한 나만의 가장 단순하고도 직관적인 기준점이다.

이 샤머니즘 같은 믿음에 기대어 가끔은 도박하는 심정으로 아리송한 사람을 만나 밥 먹고 커피를 마신다. 라테의 신이시여, 지금 제 앞에 있는 이 사람이 아리송합니다. 그대의 지혜가 필요합니다. 확률은 50대 50. 괜찮거나, 위장이 노하거나.

언제나 동전 던지기 게임을 하는 심정으로 낯선 사람과 만나는 일은 긴장을 동반하기 때문에 자연히 새로운 사람과 관계를 시작하는 일이 쉽지는 않다. 게다가 라테의 신은 얼마나 까다로운지. 아주 가끔, 드문 확률로 아라 같은 사람을 점지해준다. 옛다, 잘해봐라. 어이구, 감사합니다. 만남이 거북하지 않으며 즐거운 관계란 이토록 희귀하다.

구토를 동반한 속쓰림 같은 극단적인 증상까지 나타나진

않더라도 누구나 한번쯤, 같이 밥 먹으면 체할 것 같은 사람과 얼굴 맞대고 식사한 경험이 있을 것이다. 밥 한번 먹고 끝낼 수 있으면 다행이지, 바쁠 땐 아침 저녁으로 가족보다 더 긴밀하게 소통해야 하는 일터에서 만난 동료가 그런 사람이라면 그때부턴 일상이 도전이자 극복해야 하는 과제처럼 무거워진다. 업무상 필요한 관계라면 딱 잘라 끊어낼 수도 없으니 앞에선 하하호호 웃다가 뒤에서 남몰래 울거나 앓는 소리를 낼 수밖에 없다.

나 역시 끊어내는 게 상책이라는 걸 알면서도 상황이 여의치 않아 선약이 있다는 그 흔한 핑계조차 대지 못하고 불편한 자리를 묵묵히 지켜야만 했던 시기가 있다. 만날 때마다 진이 쏙 빠지는 인간, 혐오 및 차별 발언을 거리낌 없이 입에 담으며 공감을 요구하는 인간, 험담과 사생활 캐묻기 외엔 대화를 이어가는 방법을 모르는 콘텐츠 빈곤형 인간상까지 두루 경험하며 속쓰림에 세게 치일 때마다 가슴에 새기던 말이 있다.

이건 일이다. 일에 감정을 개입하지 말자.

밥 먹는 게 무슨 일이냐고 반문하는 사람도 있겠지만 비록 휴게 시간이라고 해도 조직생활을 하는 이상 점심시간은 업무의 연장선이 될 수밖에 없다. 옆 팀 아무개, 우리 팀 누구 씨, 임원 누구를 둘러싼 풍문 등 조직 내 동향과 구성원에 대한 소식이 손쉽게 반찬거리가 되는 이유 또한 좋든 싫든 이 역시 '일 얘기'의 일부이기 때문이다.

근무 시간 도중 일의 테두리를 벗어난 주제를 던지고 대화를 나누려면 상상력을 동원해야 한다. 한 시간이라는 길지 않은 점심시간에 밥도 먹고 커피도 마셔야 하는데, 그런 상상력까지 동원해 눈앞에 있는 상대와 밀도 있는 대화를 나누기 위해 애쓸 정도로 직장 내 인간관계에 진심을 쏟아붓는 사람은 많지 않을 것이다.

점심시간에 오가는 대화를, 침묵을 깨는 백색소음 정도로 여기고 "밥 한번 먹자"는 말을 "우리 내년에도 잘해보자" 정도로 번역해 알아먹을 수 있었다면 직장생활을 하는 동안 위장이 덜 꼬일 수 있었을 텐데.

정적을 깨기 위해 던진 이야기 하나하나에 지나치게 진지하게 반응하는 탓에 자주 공격받는다는 기분을 느꼈다. 그렇다고 해서 반격을 가할 만큼 전투적인 성향은 아니었기 때문에 '당했다'는 불쾌감이 남아 몸과 마음을 내내 괴롭혔다.

얼굴만 떠올려도 유쾌하지 않던 그 시절의 괴로움이 생각나는 사람들이 있다. 지금이라고 해서 그런 사람들을 만났을 때 더 현명하게, 통쾌하게 한 방 먹일 수 있을 것 같진 않다. 그러니 조용히 연락처를 삭제하거나 만남을 회피하는 방식으로 피해갈 뿐이다.

그러나 지금이라면 똑같은 사람과 점심시간을 보내더라도 상대가 던지는 주제에 쩔쩔매며 끌려다니는 대신 화제를 다른 곳으로 돌리거나, 기왕에 말이 나왔으니 '어디 당신 생각은 어떤지 들어나 봅시다' 하는 태도로 팔짱을 끼고 관조할 것이다.

어차피 직장인의 점심시간에 필요한 것은 적당한 맛과 합리적 가격의 메뉴, 오후 근무의 양분이 되어줄 카페인이지, 삶의 정수가 담긴 깊이 있는 대화는 아니기 때문이다.

마음만 먹으면 '혼밥'을 할 수 있음에도 혼자가 아닌 '같이' 먹자고 손을 내미는 행위에는 '일할 때만큼은 우리 같은 편 맞지?' 하는 메시지가 은연중에 깔려 있다. 적어도 함께 일하는 동안에는 얼굴 붉히지 말고 협조하며 잘 지내보고 싶다는 호의를 표현하는 가장 가벼운 방법이 '점심 한 끼'인 것이다.

밥 한 끼를 먹으며 오가는 이야기의 주제에 더듬이를 곤두세우고 지나치게 몰입하는 대신, 음식의 맛에 집중하는 편이 차라리 나았을 것이다. 아무리 성향이 다르고 가끔은 경악스러운 말을 내뱉더라도 피차 먹고 살기 위해 매일 같은 공간에서 분투하는 처지인데, 증오해봐야 괴로운 건 나뿐이기에. 미워한들 내 속만 상하고 약값만 늘어난다.

여전히 라테의 신은 까다롭고도 엄격해서 내 관계란 고작 손바닥 하나 위에 올려놓을 수 있을 정도로 좁다. 스트레스를 차단할 수는 없기 때문에 감이 좋지 않으면 도망가기 바쁘다.

그러나 몸과 마음을 다 바쳐 관계를 맺는 실험을 해본 결과, 점차 편안하고 자연스러운 대화가 이어질 것 같은 상대를 알아보는 감이 생겼다. 요즘엔 사람에 대한 직감을 믿고 친해지고 싶은 사람이 보이면 먼저 다가가는 편이다.

태생적으로 느끼한 걸 싫어하고 혼자인 시간을 사랑하는

성향이라 친해지고 싶은 사람에게 다가가려면 그럴듯한 구실을 찾아야 한다. 아무런 이유 없이 '그냥' 밥 한번 먹자고 말하는 건 나에겐 아무래도 느끼한 일이다.

상대의 관심사에 부합하는 전시회가 있을 때 같이 보자고 하거나, 취향에 맞을 것 같은 공간이 보이면 연락하고, 출간 계약 소식을 알린 지인에게는 작업하기 좋은 카페가 있으니 같이 가서 글만 쓰다가 오자고 꼬시는(?) 등 가지각색으로 건수를 만든다.

느낌이 좋고 궁금한 이가 보일 때마다 어떻게든 연결고리를 찾아 던져보면서 조금씩 뻔뻔해지고 있다. 다행히 예의를 갖춰 먼저 손 내미는 사람을 매정하게 쳐내는 경우는 없었다. 물론 이따금 예상치 못한 속쓰림을 선사한 인연도 있지만, 그런 날엔 라테의 신과 오랫동안 지내오며 깨달은 진리를 새기려 노력한다.

이 또한 지나가리라.

회사 안에서 친구를 만들 수 있을까?

퇴사한 이야기로 책 한 권을 써내는 사람들도 많지만 나는 책 한 권은커녕 글 한 편도 쓰기 힘들었다.

"글쎄요, 저는 아주 평범한 회사생활을 한걸요. 5년 정도의 경력은 그다지 길다고 할 수도 없어서요."

조직생활 했던 경험을 바탕으로 글을 써볼 생각이 없느냐는 제안을 받으면 늘 자신 없는 목소리로 한걸음 물러났다. 퇴사를 고민하는 친구들에게도 조언을 한 적이 없다. 친구의 눈물겨운 직장생활 이야기를 들으며 함께 몹쓸 회사, 나쁜 사람을 욕하지만 거기까지다. 어차피 지금 하고 있는 일을 그만두어야만 하는 필연적 이유를 스스로 찾아내는 날 사표는 저절로 쓰게 될 테니까.

그러다 보니 가끔 상담을 요청하는 친구들의 고민은 대부분 퇴사 고민은 아니고 이른바 '존버 고민'이다. 회사에 오래도록 '존재하며 버티기' 위한 고민, 회사에 다니는 나를 '존중하며 버티고' 싶어서 하는 고민. 일단 버티는 게 목표인데 버티는 것도 쉽지 않다. 만약 지금 몸담고 있는 회사의 환경과 조건부터 현재 하고 있는 일까지 총체적으로 마음에 차지 않으면 고역이다.

그래도 아직은 버티고 싶은데, 싫은 마음으로도 버티려면 무엇을 하면 좋겠느냐고 물어본 친구에게 "점심시간에 맛집 찾아다니는 모임을 만들어보라"고 말했다. 맛있는 걸 먹으면 기분이 좋아져서 기운이 날 거라는 단순한 이야기가 아니었다. 조직 안에서 아주 작고 사소한 목표라도 좋으니, 같은 목표를 공유하는 작지만 단단한 공동체를 만들어보라는 말이었다.

다 같이 즐길 수 있는 활동이라면 맛집이 아닌 그 무엇이라도 모임의 목표가 될 수 있다. 함께할 때 기쁨이 큰 활동을 중심으로 공동체를 구성하고, 이를 모임이라는 구체적인 형태로 유지하면 회사생활에 대한 불만을 완충하는 안

식처가 될 수 있다.

회사생활을 돌이켜봤을 때 가장 크게 후회하는 부분이 바로 이렇게 스스로 비빌 언덕을 만들어볼 생각조차 하지 않았던 점이다.

50명에 가까운 동기들이 있었지만 '공채 ○○기'라는 커뮤니티에 강한 소속감을 느끼지 못했던 나는 모두와 공평하게 데면데면한 거리를 유지한 채 지냈다. 1년이 지나자 '○○기'로 묶인 주소록에서 가끔이라도 연락하고 지내는 사람은 다섯 손가락 안에 꼽을 정도로 줄어들었다.

조직 내부의 네트워킹에 연결되고 싶다는 욕구가 현저히 낮았고, 함께 일을 하는 사이는 아니라고 해도 쉬는 날 연락하는 것만으로도 퇴근하지 못하는 기분이라 개인적인 친분을 쌓는 것이 꺼림칙했다.

회사에서 만난 사람과는 일상을 공유할 수 없다고 생각했다. 회사에서 알게 된 동료들은 '회사 사람'이라 통칭했다. 회사 사람이라는 말로 간단히 묶어버리자 그 안에 존재하는 개개인의 개별적인 특성엔 관심이 가지 않았고, 자연히 관계 맺기는 시작조차 할 수 없었다.

그토록 건조하게 회사를 다녔지만 우연히 점심시간에 캘리그라피를 배우는 모임에 초대된 적이 있었다. 모임의 인원은 나를 포함해 단 네 명이었다. 회사 동아리로 인정받기엔 턱없이 부족한 작은 모임이었다.

일주일에 한 번씩 회의실에 모여 붓펜을 들고 글씨를 따라 쓰면서 초등학교 미술 시간으로 돌아간 것처럼 별것 아닌 일에도 자주 웃었다. 불과 2시간 전인 오전까지만 해도 각자의 자리에서 수억 원 단위의 계약서와 견적서를 검토하고, 지구 반대편의 누군가와 심각한 표정으로 전화 통화를 하던 동료들. 수화기를 붙잡고 미간을 잔뜩 찌푸린 채 광고주의 요청 사항을 설명하고 있던 나.

심각한 마음으로 일하던 사람들이 단지 글씨 하나를 쓰면서 박장대소를 했다. 그 시간만큼은 그 누구도 서로를 '회사 사람'이라는 덩어리로 인식하지 않았다. 같은 활동을 하며 시간을 보내는 동안 처음으로 소속 외에도 우리를 긴밀하게 이어주는 선을 느꼈다.

즐거운 공통의 경험을 쌓아가는 건 인간적인 신뢰를 쌓기 위해 중요한 일이다. 이를 위해 조직에서 많이 이용되는 장치가 술자리다. 신입사원 딱지를 떼자마자 선배는 물론 선배의 선배, 그 선배가 아는 선배까지 낀 낯선 사람들 여럿이 모인 술자리에 불려가곤 했다. 명함에 박힌 회사 로고가 같다는 것 외엔 공통점이 없는 사람들이 모여 술을 마시는 어색한 자리를 끝까지 지켰다.

술잔을 돌리는 등 추태를 부리는 사람이 없는데도 내내 가시방석에 앉은 것처럼 마음이 불편했다. 역시 나는 회사 사람들이랑 맞지 않는 걸까? 인간관계를 위한 활동은 업무의 연장선이라 역시 피곤하기만 하다는 인식을 굳힌 자리였다.

돌이켜보면 그 시절 선배들이 일부러 자리를 만들어 새까만 후배인 내 밥값과 술값, 비싼 안주까지 시켜주면서 그 자리에 나를 앉혀둔 건, 공통의 기억을 만들어 관계를 맺고 싶다는 선의 때문이었을 것이다.

술 한잔 기울이면 살짝 풀어질 수도 있고, 그러다 보면 벌건 대낮에 사무실에서 하기 어려운 얘기도 털어놓을 수 있다. 다수가 함께 즐길 수 있는 어른의 놀이란 같이 뭘 먹거나 마시는 자리가 제일 편하다 보니 술자리는 회사생활을 하며 연대하기 위한 간편한 선택이긴 하다. 누구나 기껍게 참여할 수 있는 방법은 아니지만.

　술자리에서 관계를 맺는 방식이 나와 맞지 않는다는 걸 깨달을 때마다 무작정 회사 사람들은 나와 맞지 않다고 마음을 닫는 대신, 점심시간에 동료들과 함께 글씨를 쓰던 기억을 떠올리며 비슷한 소규모 모임을 만들었더라면 일상이 달라졌을지 모른다. 매일 같은 자리에서 반복적인 업무와 매번 같은 이유로 괴로워하던 일상 속에서도 하루 중 기대되는 시간을 회사 안에 작게나마 심어두었더라면 회사에 존재하며 버티던 시절의 마음이 조금은 덜 괴로웠을 텐데.

　내 삶을 사랑할 만한 이유가 회사 안에는 단 하나도 남아 있지 않다는 생각에 자꾸만 바깥 세계로 고개가 돌아갔다. 어떻게 해도 이곳에서는 안 될 것 같아. 해답은 바깥에 있어. 적응하지 못하고 있다는 불안한 감각이 생활의 근간을 흔들었다.

　처음엔 인간관계에만 건조했던 태도가 곧이어 일까지 영향을 미쳤다. 동료와의 관계는 물론, 일에 대한 진지함도 건조하게 메말라갔다.

어느 집단에서든 모두 내부자가 될 수는 없다. 내부와 외부를 가르는 모든 집단에서 반드시 겉도는 감각을 느끼는 사람은 생긴다. 겉돌지 않겠다고, 저 경계를 어떻게든 뚫고 들어가 내부자가 되겠다는 무리한 목표를 세우는 대신, 공동체가 작동하는 방식이 나와 맞지 않을 때는 내가 편한 방식대로 운영되는 작은 공동체를 집단 내에서 만들어 마음 붙일 곳을 만드는 다른 길을 고려해볼 수도 있다.

'당신이 가장 많은 시간을 함께 보내는 다섯 사람의 평균이 바로 당신이다'라는 말이 있다. 각자의 상황에 따라 흡족하게 미소 지을 수도, 위기의식을 느낄 수도 있는 문장이다. '우리'라는 이름으로 묶일 때 든든하고 상쾌한 사람들을 곁에 두는 건 그래서 중요하다.

직장에서 내가 원하는 사람들을 골라 한 팀이 되어 보조를 맞추는 행운은 대부분 누리기 어렵다. 하지만 적어도 작은 소모임이라면 공통의 관심사와 목표를 정해 나와 결이 맞는 사람들을 만날 수도 있다.

이쯤 장광설을 늘어놓아도 "저기, 네 말도 맞지만 아무래도 나는 안 되겠어. 못 참겠어"라고 말하는 친구도 있다. 조직이 아닌 개개인으로 생각해보아도 '우리'로는 도무지 엮이고 싶지 않다고.

하루 중 대부분을 함께하는 동료들에 대한 감정이 그처럼 참담하다면 그거야말로 준비를 시작해야 한다는 가장 명징한 신호다. 무엇을? 사표 낼 준비를!

회사는 물론, 업계로 범위를 넓게 잡아도 무리가 없는 기준이다. 지금 몸담은 업계를 통틀어 머릿속에서 떠오르는 다섯 사람과 내가 한 카테고리로 묶일 때 자랑스러운지 아닌지에 따라 다음 스텝을 정하겠다고 마음을 먹으면 명료하다.

가슴 한구석에 사표를 품고 억지로 출근하는 친구들에게 가끔 이직 스터디, 사이드 프로젝트, 회사 다니며 부업하기 같은 모임 소식을 슬쩍 흘린다. 막막해 보이는 다음 스텝을 준비하는 과정에도 비슷한 고민을 하는 이들과 모이면 즐거움이 더해질 수 있다고 믿기 때문이다. 그러다 이런 대화를 나누고 불변의 진리를 다시금 깨닫는다.

친구: 나 이제 괜찮아졌어! 그냥 계속 다니려고. 이번에

보너스가 좀 빵빵하게 나왔어ㅋㅋㅋㅋ

나: ㅋㅋㅋ 잘 생각했어. 보너스도 축하해!

때론 월급명세서가 모든 불만을 이긴다.

{2}

생계형 E의 작가생활

사람은 좋아하지만
인간관계는 부담스럽고

생애 첫 출간 계약을 앞둔 동료에게서 갑자기 통화를 하고 싶다는 메시지가 왔다. 출판사와 계약을 하기 전에 몇 가지 물어보고 싶은 게 있다는 말이었다.

"메시지로 물어보면 너무 길어질 것 같은데 잠깐 통화 괜찮아요?"

"그럼요. 저 지금 책상 앞에서 졸려서 코 박고 잘 뻔했어요. 당장 전화해서 잠 좀 깨워주세요."

"ㅋㅋㅋ 네, 제가 깨워드릴게요. …앗? 저 유미 님 번호가 없는데요?"

"뭐라고요? 앗…! 저도 번호 없는데요?"

서로 전화번호를 모른다는 사실에 깜짝 놀란 우리는 서

둘러 11자리 숫자를 교환했다. 알고 지낸 지 2년이 다 되어가지만 번호도 저장해두지 않은 우리는 한 달에 한 번씩 온갖 내밀한 고민과 찌질한 자책이 덕지덕지 붙은 글을 교환한 적이 있다. 번호도 모르면서 일기장에 가까운 낯부끄러운 글은 수개월이나 주고받은 것이다.

요즘 내 일상은 번호 없는 사람들로 북적인다. 조직을 떠나 프리랜서 작가로 사는 동안 '번호 없는 친구들'이 야금야금 늘어났다. 전화 한 통 하지 않아도 막힘없이 소통할 수 있으니 굳이 번호를 저장할 이유를 느끼지 못한 탓이기도 하지만, 아무래도 번호를 교환하고 연락처 목록에 추가하는 행위가 쓸데없이 무겁게 느껴지기 때문이다.

친구들을 만난 곳이 대체로 학교나 직장처럼 매일 일정 시간 이상 '우리'로 묶여 있는 집단이 아니라 원하면 나타났다가 언제든 사라질 수도 있는 작은 서점의 글쓰기 모임이나 독서 모임 같은, 구속력과 강제성 없는 느슨한 모임이란 점도 한 몫 했을 것이다.

원할 땐 미련 없이 사라질 수 있는 게 장점인 모임에서는 전화번호나 사는 곳, 지금 하는 일 같은 신상 정보를 물어보는 장면이 오히려 낯설게 느껴진다.

그게 무슨 친구인가, 그 정도면 그냥 '남' 아닌가 생각할 수도 있지만 관심 없는 타인과 일기장 같은 글을 교환하고 작업 중인 창작물을 보여주면서 의견을 구하는 사람은 없을 것이다. 번호도 모르는 주제에 계절이 바뀔 때면 자연스레 같이 여행을 가고, 숙소에서 잠옷 바람으로 눈꺼풀이 무겁게 내려올 때까지 수다를 떨다가 함께 고민을 털어내고 눈물을 보이기도 했다.

어느 크리스마스엔 한파를 피해 도망치듯 한국을 떠나 여름 나라를 여행하면서 같이 한숨을 푹푹 쉬며 한심한 한 해를 반성하고 내년 계획을 세워봤다. 공항에서 헤어질 때 "연락해요"라고 했다. 예전엔 늘 "연락할게요"라고 말했지만 제대로 지킨 적이 없었다. 반면 "연락해요"라는 말은 빠짐없이 지켜졌다.

연락하라는 말에 망설이지 않고 "또 봐요"라고 답한 친구와는 번호를 몰라도, 비록 정확한 나이조차 몰라도 꼭 다시금 만나 그간의 공백이 무색할 정도로 삶의 일부를 공유할 수 있었다. 그러다 다시 "또 봐요"라는 말을 남기고 헤어진다. 설사 긴 시간이 흐르더라도 언제든 다시 만나 함께 시간을 보낼 수 있다는 믿음은 사라지지 않는다.

언뜻 보기엔 잘 알지도 못하는 사람들이랑 쉽게 친해지는 편이라 "성격 참 외향적이다, 사교적이다"라는 오해를 종종 받기도 했다. 처음 만난 사람과 대화를 해야 할 때면 긴장하고, 사람을 만나 말을 많이 한 날에는 집에 오면 아무것도 하지 못하고 몸져눕는 사람이 외향인인 척 잘도 숨기고 돌아다닌 것 같다.

하지만 사교적인 사람이라 잘 알지도 못하는 사람과 노는 게 아니라, 누군가 호의를 표현하며 내민 손을 거절하지 못하는 수동적인 성격 덕분이다. 관리하는 인간관계의 범위도 넓지 않아 평소 약속이 거의 없기 때문에 새로운 인연을 들일 품이 넉넉히 남아 있을 뿐이다.

한때는 관계의 중심이 되어 사람을 끌어모으고, 일을 벌이는 사람들을 부러워했다. 가만히 있어도 이목을 집중시키는 매력이 있는 사람, 모두들 친해지고 싶어 하는 그런 사람들은 나처럼 사회생활이 버겁지 않을 거라고 생각했다.

출근길이 가시밭길처럼 느껴질 때마다 사람들과 어깨를

나란히 하는 시간을 즐겨보려 먼저 밥을 먹자거나 놀자고 말하는 등 노력을 해보기도 했지만 자리를 만드는 적극성을 발휘한 날이면 곱절은 피곤해져서 다음 날까지 동기화가 덜 된 클라우드처럼 버벅거렸다.

관계를 관리한다는 부담감 때문에 사람들과 함께하는 시간을 즐기지 못하는 것도 문제였다. 그 순간 그 자리에서 오가는 대화의 내용과 분위기에 집중하지 못한 채 억지로 끌려 나온 소개팅 자리에서 시간을 때우는 사람처럼 어서 자리가 파하고 집에 갈 시간이 오기를 기다렸다.

자리가 끝나기만을 기나리는 내 모습을 마주할 때마다 내 연락에 달려와준 사람들에게 미안한 마음 때문에 괴로워서 대화에 더욱 집중할 수 없게 되는 악순환이 반복되었다. 사람을 모으는 구심점 역할을 해보려고 할 때마다 몸과 마음에서 삐걱이는 소리만 들려왔다.

삐끗대는 시간을 겨우 견뎌내고 집으로 돌아가는 길에는 속으로 '살았다'고 조용히 외쳤다. 셀 수 없이 많은 '살았다'를 외친 후에야 마음을 정리할 수 있었다. 관계를 수동적으로 대하는 내 성향을 억지로 교정하려 하지 말자고. 아무도 강요하지 않았는데 관계를 적극적으로 관리해야 한다는 부담감을 느끼지 말자고.

부담을 내려놓자 시야가 맑아졌다. 애초에 관계를 관리하고 통제해야 하는 대상으로 바라본 게 문제였다. 상황을 통제하지 못할 때 강한 스트레스를 느끼는 성향과, 관계를 다루는 데 서툴다는 콤플렉스가 합쳐져 잘못된 판단을 해왔던 것이다.

관계는 통제할 수 있는 대상이 아니다. 상호작용을 하는 과정에서 언제든 양상이 변할 수 있는 가변적인 것이다. 애초에 관리할 수 없는 것을 자꾸만 관리해야 한다는 압박감 때문에 억지로 붙들고 있었으니 무언가 잘못되고 있다는 기분을 느낄 수밖에 없었다.

관계를 관리해야 한다는 의무감을 벗어던지자 오히려 이전보다 다양한 경로로 새로운 인연을 만날 수 있었다. 학교와 직장처럼 그간 내가 거쳐온 소속에서 알게 된 사람들을 관리해야 한다는 의무가 없어지니 그만큼 약속도 줄어들어 내 일정과 마음에 여유가 생겼다. 시간에 쫓기면서 사람을 만나지 않으니 먼저 손을 내미는 사람들에게 이전보다는 훨씬 다정하게 대할 수 있게 되었다.

한때, 제때 읽지 않으면 메시지 100개쯤은 우습게 쌓이는 단체 채팅방에서 실시간으로 중요한 의사 결정을 해야 하는 일을 하다 보니, 메시지가 쌓이기만 해도 숙제처럼 느껴졌다. 실수로 놓치고 대응하지 못한 메시지 때문에 나쁜 결과가 벌어질지도 모른다는 걱정이 더해져, 강박적으로 메시지를 그때그때 읽고 답장하는 일에 매달렸다. 퇴근 후에도 휴대폰을 끌어안고 단체 채팅방을 들락날락하며 쌓이는 피로를 알아채지 못하고 헛발질을 했다.

그러다 보니 좋아하고 아끼는 사람이 오랜만에 연락을 해오더라도 반길 수가 없었다. 회사를 그만두면서 지난 1년간 아무 교류가 없던 사람들과의 단체 채팅방부터 정리했다. 매일 확인하고 답해야 하는 메시지의 양이 줄어들자 사람들의 연락이 더는 숙제처럼 느껴지지 않게 되었다.

학교나 직장 같은 조직에서 만난 사람들이라고 해서 무조건 의무 때문에 유지되는 관계라고 단정 짓는 것은 아니다. 지금 내 연락처에서 부담 없이 바로 전화를 걸 수 있는 친구만 해도 대부분 옛 직장 동료다.

다만 관계에 대한 선택권이 없는 상황에서 맺어진 인연이다 보니 마음이 없는데도 의무감 하나로 관계가 유지되기도 한다. 평소엔 말 한마디 없다가 어느 날 갑자기 모바일 청첩장으로 결혼 소식만 알리는 단체 채팅방처럼 말이다.

몇 년 전이었다면 어떻게 연락 한번 없다가 청첩장만 전하냐며 속으로 화를 내고 바로 채팅방을 나가버렸을 수도 있다. 그러나 이제는 모른 척 눈 감고 축의금을 송금하며 진심으로 축하한다는 메시지도 보낸다. 그런 관계도 있을 수도 있다는 걸 받아들였기 때문이다.

평소 시시콜콜 일상을 공유하지 못했지만 결혼 소식은 꼭 전하고 싶은 사람, 반대로 결혼식에 초대해야 할 사람은 아닌 것 같지만 자주 만나서 시간을 보내는 사람. 이제는 어느 쪽이든 나의 관계망 안에서 발자국을 남기는 사람이 있다면 있는 그대로 받아들인다.

인생의 중요한 일을 앞두고 불현듯 생각나는 사람이건 평소 자주 연락하고 싶은 사람이건, 나라는 사람과 이어진 관계의 끈을 놓고 싶지 않다는 신호를 보내려면 만만찮은 용기가 필요하기 때문이다.

연결을 놓치지 않아야 한다는 의무를 덜어내고 관계를 수동적으로 대하는 내 태도를 받아들인 뒤로는 신기하게도 1년에 한두 명 꼴로 새 친구가 생겼다. 다가오는 인연에 마음을 열고 순간에 집중하는 것만으로도 관계를 지속할 수 있다는 사실을 확인하자 메시지를 주고받는 빈도수를 늘리려고 애써 노력하지 않게 되었다. 습관적으로 새 메시지를 확인하던 버릇도 없어졌다.

대신 1년에 한 번이라도, 특히 연말 즈음에 만날 때면 편지를 써서 전한다. 전화나 문자, 메시지나 이메일도 아닌 편지인 이유는 속도가 느리기 때문이다. 가뜩이나 피차 사적, 공적으로 밤낮없이 연결된 관계망에서 자유롭지 못한 게 우리의 일상인데 고작 1년에 한 번 할까 말까 한 안부 인사만큼이라도 내킬 때 확인해도 늦지 않은 그런 방법이면 좋을 테니까.

그때그때 생각이 날 때마다 연락하는 습관을 기르는 데 실패한 사람의 변명처럼 들릴 수도 있겠지만, 어차피 나는 번호도 모른 채 잘 알지도 못하는 사람과도 글을 공유하고 여행도 가고 크리스마스도 함께 보내고 별걸 다 하는 사람인걸. 오랜만에 편지 한 통을 보내 "잘 지내?"라고 묻는 게 새삼 이상한 일도 아닌 듯하다.

내가 원하는 내 모습만 보여줄 수 있다면

사람 많은 곳에서는 기를 못 펴는 내향인이지만 엉뚱하게도 내 취미는 '모임'이다. 사회생활을 시작할 때부터 열 명 이하의 소규모 취미 모임을 꾸준히 옮겨 다니며 관심 분야가 생길 때마다 모임의 문을 두드렸다. 책 만들기 워크숍, 독서, 캘리그라피, 그림 그리기, 작사, 잡지 기획, 독립출판, 소설 쓰기…. 회사원일 때 주말마다 짬을 내어 참여했던 모임의 목록이다.

주말 근무와 출장이 일상이던 시기를 제외하면 주말마다 하루는 집에서 영화 한 편을 보고, 다음 날엔 취미 모임에 참석하는 루틴으로 살아왔다. 직장을 그만두고 프리랜서 생활을 시작한 뒤에는 일상에 중심을 잡기 위해 작업 인증 모임이나 운동 인증 모임, 소설 쓰기 모임처럼 긴장이 필요할 때마다 목표가 같은 사람들을 모아 온라인 모임을 운영하기도 했다.

독서 모임이나 취미 모임, 회원제로 운영하는 사교 모임까지 다양한 형태의 모임 서비스가 늘어나면서, 관심 분야가 생기면 일단 모임부터 찾아보는 나 같은 사람의 취미생활이 이젠 더 이상 이색적이라는 평가를 받지 않지만, 한때 돈을 지불하고 주말마다 모임에 나간다는 말을 하면 "그렇게까지?"라는 반응을 심심찮게 접할 수 있었다. 특히 독서나 글쓰기 같은 활동을 모임까지 등록해서 '같이' 한다는 사실은 선배들에겐 적잖은 충격을 주었고, 그 바람에 나는 진땀을 흘리며 내 유별난 취미를 해명해야 하는 상황에 처하곤 했다.

"저는 읽고 쓰는 걸 좋아해서요. 생각보다 비싸지 않아요. 매일 커피 한 잔만 덜 마셔도 한 달 치 등록비는 나와요. 다른 취미에 비하면 오히려 엄청 싼 편이죠."

취향의 차이, 비용의 합리성에 대한 의구심은 그렇다 쳐도 "요즘 애들 참 외로운가 봐"라는 반응 앞에서는 해명을 해야겠다는 의지조차 상실하고 입을 꾹 다물고 말았다. 퇴근 후나 주말에 시간을 따로 내서 모임을 나가는 20대를 바라보는 시선은, 연애를 위해 눈에 불을 켜고 이성을 찾아다니는 모습으로 한정되어 있었다.

목적을 달성하지 못하면 몇 달간 돈과 시간, 에너지를 길바닥에 내다버린 꼴이 되는 덧없는 관계망에 들어가고자 기꺼이 개인정보를 입력해 회원가입을 하고 결제를 하는 요즘 애들의 사교적인 취미생활은 한동안 식사 자리에서는 물론 회의실에서도 도마 위에 올랐다.

"얼마나 외로웠으면"이라는 말로 시작하는 연민 섞인 시선부터 가족이나 연인, 직장 동료나 친구도 아닌, 그야말로 '아무'도 아닌 사람들과 주기적으로 만나 대체 무엇을 하느냐는 호기심까지 일일이 대응하다 보니 보통 귀찮은 일이 아니었다.

언젠가부터 주말에 뭘 했냐고 물어보면 대충 둘러댔다. 시청률 높은 드라마 제목을 대거나 영화관의 최신 개봉작, SNS에서 유명한 맛집이나 카페, 쇼핑 목록까지. 그중 아무거나 얘기해도 그 누구도 왜 그런 걸 했느냐고 물어보진 않앉다.

그렇게 주말엔 아무도 아닌 사람들을 부지런히 만나고, 다시 월요일이 오면 지난 주말 시간을 함께 보낸 누군가의 존재는 잊어버린 것같이 행동하는 이중생활을 했다.

영화 〈파이트 클럽〉의 주인공 잭(에드워드 노튼)은 퇴근 후 매일 밤 온갖 모임에 참석한다. 고환암 환우 모임에 참석해 사람들의 아픔을 관찰하며 눈물을 쏟아내기까지 하는 잭이 매일 밤 느꼈을 감정을 나는 단번에 알 수 있었다.

우월감. 잭은, 나는 너를 알지만 너는 나를 모른다는 착각에서 비롯된 우월감을 느꼈을 것이다.

필요한 만큼만 나 자신을 드러낼 수 있는 공간, 원하는 만큼만 개방할 수 있는 집단에서 우리는, 모두 벌거벗은 가운데 나만 옷으로 무장한 것 같은 안전함을 느낀다. 나 역시 자주 사람들 틈으로 숨어 들어가 나만 옷을 챙겨 입었다는 착각에 빠진 채 보여주고 싶은 얼굴만을 보이는 시간을 즐겼다.

"저 회사에서는 정말 나쁜 사람이에요."

독서 모임에서 만난 J가 어느 날 이런 말을 했다. 일터에서의 모습을 아는 사람이 이 모임에 들어와 자신의 모습을 보면 깜짝 놀라 까무러칠 게 분명하단다. J는 언제나 다른 회원들의 글을 가장 먼저 읽고 성심성의껏 답글을 다는 부지런하면서 다정한 사람이었다.

회사에서는 180도 다르다는 J의 고백이 신호탄이 되어 다들 모임 바깥에서 자신이 얼마나 형편없는 인간인지 드러나는 에피소드를 부지런히 쏘아 올렸다. 상사와의 갈등과 근무 태만, 옆자리 동료에 대한 무관심과 이기주의와 예민함, 분노로 똘똘 뭉친 나쁜 사람들의 에피소드를 듣다가 문득 우리 손에 쥐어진 책을 내려다보았다.

책 제목은 《일하는 마음》. 순간 어이가 없어 하마터면 큰 소리로 웃음이 터져 나올 뻔했다. 주말에 모임에 나와 일하는 마음까지 되돌아보는 좋은 직원들이 자신을 나쁜 사람이라 표현하며 자조하던 것이다.

매일 밤, 타인의 아픔을 공허한 눈빛으로 관망하던 영화 〈파이트 클럽〉 속 잭의 텅 빈 눈이 생각났다. 잭은 어쩌면 수많은 모임에서 우월감과 동시에 강한 박탈감을 느꼈을 수도 있겠다는 생각이 들었다. 잭은 모임에서 가면을 쓰고 활동한 게 아니라, 사람들에게 보여주고 싶은 가면조차 없는 상태였기 때문이다.

사회생활을 하며 자기 자신조차 몰랐던 내 안의 낯선 얼굴이 불쑥 튀어나와 깜짝 놀란 경험이 누구나 한 번쯤은 있을 것이다. 그런 얼굴은 대개 내가 듣기 싫었던 말을 그대로 읊고 있거나, 불합리한 요구에도 불구하고 '왜'라는 질문 없이 타성에 젖은 얼굴이다. 대개 좋은 (평가를 받는) 직원이 되는 일과 좋은 사람이 되기 위한 행동은 일치하지 않기에, 일터에서 보이는 자기 자신의 얼굴이 견딜 수 없을 정도로 미워 보일 때가 있다.

이럴 때 우리는 목격자가 필요하다. 알고 보면 나에게도 다른 얼굴이, 조금은 나은 얼굴이 있다는 사실을 증언해줄 목격자가 말이다.

이해관계가 얽히지 않은 공동체에서 나는 매번 다른 사람이 될 수 있다는 사실에 자주 안도했다. 누군가에게 보이고 싶은 얼굴이 있다는 건 곧 '어떤 사람이 되고 싶은가'라는 질문을 아직 놓치지 않고 있다는 증거이기도 했다.

내 얼굴이 어떻게 보이든 아무래도 상관없다는 식이 되

어서는 곤란하다. 가식적이라고, 그건 진짜 네 얼굴도 아니지 않냐는 손가락질을 받더라도 어떤 얼굴이 되고 싶다는 마음가짐이 있을 때 비로소 건강한 마음으로 나의 태도를 돌볼 수 있기 때문이다. 어떻게 보여도 상관없다며 자포자기하는 순간, 내 얼굴과 태도를 돌보고 싶다는 의지조차 꺾인다.

나는 종종 형편없는 내 얼굴을 바라보며 자괴감을 느끼다가도 더 나은 모습을 꺼내 보일 수 있는 모임에서 안도했다. 어라, 내가 이런 면도 있는 사람이었네? 생각보다는 괜찮은 사람인가? 서로에 대한 긍정적인 피드백이 오가는 집단에서는 사라진 인류애도 되살아난다.

물론 길어도 서너 달, 많아도 일주일에 한 번 보는 사이이기에 부딪칠 만한 사건이 없어 호감을 유지할 수 있었던 거겠지. 공통의 목적이 있는 모임에서 만난 이들이 끝까지 서로에게 괜찮은 사람으로 남을 수 있는 이유는 대가를 지불함으로써 양질의 시간을 함께 보내보자는 암묵적인 협약을 맺었기 때문이다.

어떻게든 이 시간을 좋은 기억으로 남기겠다는 약속이

이 자리에 모인 우리를 좋은 사람이 되도록 독려한다는 걸 모르는 사람은 없다. 알지만 두 눈 감고 서로 속아주는 것이다. 이 자리에서 공개하지 않은 모습까지 굳이 들추지 않는다. 그게 바로 모임의 첫 번째 규칙이다.

자신이 나쁜 사람인 것만은 아니라는 사실을 확인해야만 하는 J 같은 사람을 나는 모임에서 수없이 만나고 인사하고 헤어졌다. 그중 몇몇은 동료이자 친구가 되어 서로에게만큼은 아직까지 좋은 사람으로 남아 있고, 대부분은 이제 이름조차 기억나지 않는다.

어쩌면 누군가는 진짜 고환암 환자가 아닌데도 모임에 참석해 사람들의 아픔을 관찰하고 눈물만 뽑아낸 뒤 볼일이 끝나자마자 귀가하던 〈파이트 클럽〉 속 잭처럼 뻔뻔한 본성을 숨기고 있었을 수도 있다. 그렇다 해도 우리가 나눈 대화가 가짜, 우리 관계는 남은 게 없는 얄팍한 관계라고 낮추어 생각하지는 않는다.

언젠가 사무실에 앉아 있는 내 모습이 견디기 힘든 날, 기분 전환을 위해 잠시 일어났다. 탕비실까지 걸어가는 와중에 저 멀리 반대편에서 걸어오는 동기가 보였다. 커피잔을

든 동기의 눈가에는 무거운 졸음이 덕지덕지 붙어 있었다.

그는 졸린 눈이 반달처럼 접힐 정도로 웃어 보이며 뜬금없이 손을 번쩍 들었고, 나도 홀린 듯 손을 들어 하이파이브를 했다. 공중에서 마주친 손뼉이 떨어지자마자 서로 웃어 보인 뒤 별다른 대화도 없이 우리는 다시 조용히 회사 복도를 걸어갔다. 비록 입 밖으로 내뱉진 않았어도, 하이파이브를 한 순간 서로에게 하고 싶었던 말은 전해졌다. 나도 난데, 너도 참 고생이다.

모임에서 만난 다양한 사람들과 나도 수없이 여러 번 하이파이브를 했다. 고민이 많아 잠 못 이루고 뒤척이는 날에 "나도 사실은 그렇다"는 사람을 만나 공감대를 형성했다. 시원하게 손뼉이 맞닿고, 공감대를 형성한 순간에 느꼈던 진심이 다음 날 출근을 도왔다.

일상이 의심스러운 순간마다 비슷한 고민을 하고 있다는 사람을 만나면, 뜬금없이 손을 번쩍 들어보인 동기처럼 나 역시 손을 뻗고 싶었다. 경쾌하게 하이파이브를 하며 기운을 얻어간다는 생각으로 사람들을 만났다.

그 시절 꾸준하게 쌓은 하이파이브의 순간은 지금까지도

문득 일상을 모조리 거부하고 싶은 날이면 나타나 내 등을 부드럽게 밀어낸다. 하던 대로, 오늘도 하루만 더 해보자고.

야망 없는 사람이 오래 일하는 법

야망은 없는데, 오래 일을 하고 싶은 사람.

일에 대한 가치관을 한마디로 요약하자면 이렇다. 일을 오래 하고 싶다는 것도 야망인가. 혼란스러운 부분이지만 대개 사회에서 말하는 야망, 그러니까 이름만 대면 남들이 다 아는 큰 기업에서 경력을 쌓아 승진을 하거나, 유명한 매체에서 인터뷰를 하는 사람이 되거나, 문학상을 수상하거나, 내 책을 팔아 건물을 올릴 수 있을 정도의 부를 쌓고 싶다는 식의 야망은 없다.

한때는 그런 일이 벌어지면 참 좋겠네, 정말 좋겠네, 느낌의 소박한 바람은 있었지만 어느 순간 깨달았다. 나는 내가 하는 일, 그러니까 작품 뒤에 숨고 싶은 사람이라는 것을. 집에서 혼자 내면의 나와 대화를 나누며 글 쓰는 행위로 밥 벌어먹고 사는 '상태'에 만족감을 느끼고, 이 상태를 오래도록 가능하면 노년까지 지속하고 싶을 뿐, 이 행위를 통해 얻을 수 있는 결과를 목표 삼아 글쓰기를 하고 싶지는 않다. 이런 건 야망이 아니라 바람이나 소망이라 번역하는 게 맞을 거 같다.

문제는 이러한 노동 상태를 유지하기 위해서는 어쩐지 글을 통해 이루고 싶은 어떤 목표가 있어야만 할 것 같다는 압박이 느껴진단 점이다. 아마 책으로 생활을 책임질 수 있을 만큼의 돈을 벌고, 꾸준히 자기 글을 발표할 만한 기회를 얻는 작가의 숫자가 워낙 적기 때문일 것이다.

만약 뮤지션이라는 직업이, 음원 성적이 종합 100위권 안에는 들어가야 지속 가능하다면 뮤지션으로 살아가고 싶은 이들은 어떻게든 '차트 인'을 목표 삼을 수밖에 없는 것과 비슷하다. 초판 2,000부도 다 못 파는 작가는 인세 수입으로 먹고사는 건 차치하고, 출판사와 논의하던 후속작 얘기조차 없었던 일처럼 잠잠해지는 게 현실이다.

한번은 출간 직후에 '동원 가능한 마케팅 자원을 모조리 알려달라'는 말을 들었다. 책 홍보를 위한 고민 감사하다, 저도 같이 진지하게 고민해보겠다고 답했다. 그러나 한참을 고민하다가 대답을 번복했다. 죄송하지만 책 홍보를 부탁할 만한 유명인이나 채널, 매체는 없습니다.

사실이기도 했지만, 나는 제니와 언니 동생 하는 사이라 해도 (갑자기 끌어들여서 죄송합니다, 제니 님) "내 책 홍보 좀 해줘"라는 말은 하고 싶지가 않다. 그들이 노력해서 쌓은 인지도와 영향력을 이용한다는 불쾌한 느낌 때문에 스스로 견딜 수 없을 것 같다.

인맥을 동원해보려고 수소문하는 대신 독자들을 만날 수 있는 자리라면 어디든 갔다. 책 앞에서 구매를 망설일 사람들에게 보내는 마지막 연서라 생각하고 '작가의 말'을 동네 서점별로 다 다르게 써서 표지 앞에 붙였다. 내 책, 나의 글에 전혀 관심 없는 사람들의 시선을 사로잡기 위해서가 아니라 내 책이 꽂힌 서가 주변을 맴돌며 고민하는 사람들에게 내 글에 쏟아부은 진심을 보여주는 것만이 내가 떳떳하게 할 수 있는 유일한 홍보 활동이다.

새 책이 나왔다고 해서 지인들에게 일일이 소식을 알리

지 않은 지도 오래되었다. 마치 내가 회사 다니던 시절, 프로젝트가 끝날 때마다 작성한 결과 보고서를 친구들에게 돌리면서 '나 이번에 이런 프로젝트 끝냈다'고 알리는 것처럼 이상하게 느껴지기 때문이다. 회사 프로젝트랑 책 출간이랑 어떻게 같나, 뭐가 저렇게 건조해, 자기 책인데 많이 팔아야지, 열정이 없네… 뭐, 이런 의견도 이해가 간다.

나 역시 글이란 걸 쓰고, 하필이면 책 내는 일을 하는 내가 이 일을 대하는 자세가 너무 건조한 것 아닐까 고민하니까. "종이책의 미래를 믿습니다"라고 목놓아 외치며 캠페인을 벌이지는 못해도, 책 쓰는 일을 포기하지 못하는 이유를 명쾌하게 설명할 수는 있어야 하는데, 정말 이상하게도 아직 내가 이 일을 가급적 오래도록 하고 싶은 확실한 이유 따위는 찾아내지 못했다.

사실은 굳이 글쓰기를, 그것도 책을 내야 하는 이유가 없는데도 그만하겠다는 생각은 들지 않아서, 그래서 이 일을 계속하고 있다는 생각이다. 살면서 이렇게까지 이유 없이 매달려본 일이 없기 때문에 도저히 그만두지 않고서는 못 버티는 상황이 오기 전까지는 기어코 해보겠다는 미련일지도 모른다.

이런 말을 하면 "글쓰기를 정말 좋아하나 보다"라고 말하는 사람들도 있는데, 그렇진 않다. 하고 싶은 이야기가 샘물처럼 솟아올라서 그걸 쏟아내기 전까지는 잠이 오지 않을 정도라는 타고난 이야기꾼들도 있던데 나는 그런 사람은 아니다.

초고를 시작할 때는 재밌어 하지만, 글을 전개하고 완성하는 과정까지 몇 번의 고비를 넘기며 카페인, 빵, 디저트 같은 것들에 의존해 간신히 (내가 보기에) 겨우 봐줄 만한 수준으로 마무리한다. 그러고 나서도 시간이 지나면 마음에 차지 않아 예전에 썼던 글은 단 한 문장도 읽고 싶지 않다.

그런데도 하고 싶다는 걸 보니 자기학대가 취향이십니까? 아휴, 그럴 리가. 아픈 거 정말 싫어하고 통증은 무섭다.

고통을 즐기는 건 아니지만 쉽지 않은 일임에도 어르고 달래가며 계속 하다 보면 꽤 쓸 만한 수준의 글도 쓸 수 있고, 그걸로 꽤 먹고살 만한 수준의 돈도 벌 수 있다고 믿기 때문이다. 게다가 평생 직장이 없는 시대에, 은퇴 걱정 없이 계속 할 수 있는 일을 찾은 것만으로도 행운이라고 생각한다.

일이 너무 재미있어서 놀 듯이 일을 한다는 사람도 있지만 모두가 그렇게 살아갈 수는 없다. 적성에 잘 맞고 꽤 재미난 일을 발견하더라도 반복하다 보면 답답하고 지치면서 이게 내 길이 맞나 의심하기 마련이다.

게다가 그 일이 매일 일정하게 노동을 한다고 해도 보상이 주어지지 않는 일이다? 그런데도 의심이 들지 않는다면 강한 자기확신에 차서 쓰던 글이나 계속 이어서 쓰면 되지만, 역시 모두가 그렇게 살 수는 없다. 글 쓸 때 가장 편안하다고 생각하고, 살면서 해본 일 중에 글쓰기가 제일 쉬웠어요, 라고 생각하는 인간이라 해도. 뛰어난 재주가 있는 분야를 발견해 직업을 택하는 게 아니라 계속 하다 보니 그 일로 밥벌이를 하게 되어 직업을 유지하는 경우가 더 많은 것 같다.

물론 종교도 아닌데 믿음이 나를 구원해주진 않는다. 이 일에 대한 불안과 의심이 뾰족하게 올라와 내 안의 확신을 갉아먹은 날엔 국민내일배움카드를 만들어서 인공지능 분야의 자격증을 알아보기도 하는 등 노후를 대비할 수 있는

'제2의 직업'이 있을지 탐색해보기도 했다. 그런데 강의를 듣는 내내 이런 소재를 '소설에 어떻게 접목하면 재미있을까' 머리 굴리는 내 모습을 발견하고 허탈해졌다.

마음이 콩밭에 가 있는데 제2의 직업은 무슨. 그날 알았다. 중요한 건 이 직업이 유망한 열 개의 이유가 아니라 '나의 상태'라는 것을. 백 가지 유망한 이유를 댈 수 있어도 몸과 마음이 반응하지 않는 일은 오래 버티지 못하고, 전망 없는 이유가 아무리 많아도 그 일 앞에서 내 몸과 마음이 움직인다면 일단 계속할 수는 있는 것이다.

야망 없음. 열정 없음. 탁월한 재주는 더더욱 모르겠음. 그래도 계속할 수 있을까?

애초에 질문이 잘못되었다는 걸 이제는 안다. 할 수 있는 자격이 있기 때문에 계속 하는 게 아니라 계속하면 자격이 생긴다.

인맥관리 대신 느슨한 네트워킹

'인맥관리'라는 말을 들으면 자동 반사적으로 떠오르는 장면이 하나 있다. 어두컴컴한 술집에서 술잔을 주거니 받거니 하며 "잘 부탁드립니다" "그래, 앞으로 잘해보자고" 하며 어딘가 떳떳하지 못한 회동을 묘사한 장면 말이다. 영화나 드라마 속에서 자주 묘사되는 이런 장면은 큰일을 도모하려는 사람이 그 일에 반드시 필요한 인물에게 접근해 인맥으로 포섭해야 하는 상황에서 어김없이 등장한다.

어두운 술자리에서 큰일을 도모하는 주연은 대부분 중장년층 남성이고, 양옆엔 노출 많은 의상을 입은 여성이 조연도 아닌 소품처럼 자리한 모습을 볼 때마다 찜찜함이 물때처럼 끼었다.

물때를 씻어내지 못한 나는 인맥관리라는 말만 들어도 암실에서 뚜렷한 의제도 없이 부어라 마셔라 하는 한심한 술자리부터 떠올리는 사람으로 자라났다. 동시에 인맥 밝히는 사람을 보면 속이 다 울렁여서 피해 가곤 했다. 그런 건 아무래도 구린데, 구린 걸 구리다고 말하는 순간 부딪칠 게 뻔하니 피해가는 쪽을 택했다.

그런데 그 구린 게 중요하고, 심지어 사회생활의 기본이라는 소리가 들려왔다. 사회에 나가면 결국은 다 인맥이란다. 인맥이 얼마나 중요한지 아느냐. 사람을 잘 사귀어야 한다. 세상에나, 청천벽력 같았다.

그렇게나 구린 사람이 되어야 사회생활을 지속할 수 있다고? 인맥관리에 열 올리는 내 모습을 그릴 때면 차라리 영영 사회로 방출되지 않는 편이 낫겠다고 생각했지만 그런 방법은 찾지 못했다.

대신 "인맥이란 아무짝에 쓸모없다"는 말을 듣고 싶어서 사람들을 찾아다니기 시작했다. '멘토'라는 이름으로 강연하는 명사들의 특강을 부지런히 쫓아다닌 것이다. 큰 회사에 소속된 사람부터 여러 개의 작은 회사를 옮겨다니며 잦은 이직을 경험한 사람, 어린 나이에 회사를 세워 대표가 된 사람, 일평생 한 번도 회사에 소속된 적 없이 프리랜서로 밥벌이를 해나가고 있는 사람까지. 노동 형태와 활동 분야는 달라도 직업인으로서 왕성한 활동을 이어가는 이들의 조언이라면 한마디라도 놓치고 싶지 않았다.

직업 선택의 이유와 계기, 성장 배경은 각양각색이었지만 놀랍게도 인맥에 대한 명사들의 입장은 하나같이 비슷했다.

'인맥은 없어도 시작할 수 있다. 하지만 관심 분야가 있으면 직업을 택하기 전에 일단 그 일을 해본 사람들을 가급적 많이 만나 생생한 이야기를 들어보는 게 좋다.'

듣자마자 고개가 끄덕여지는 지당한 말이다. 그러나 이 지당한 말씀이 나에겐, 완벽히 암기했지만 응용할 수 없는 수학 공식 같았다. 관심 분야에 대한 경험을 들려주는 사람을 어떻게 찾는단 말인가. 찾았다고 해도 솔직한 이야기를 들을 수 있을까? 아무리 생각해도 생면부지 남에게 귀한 시간을 할애해 자신의 경험담을 아무런 대가도 받지 않고 들려주기란 어려운 일 같았다.

포장되지 않은 솔직한 이야기를 들으려면 적어도 친구

의 친구거나 친구의 친한 동생, 하다못해 지인의 지인 등 어쨌거나 '아는 사이'라는 범위 안에 들어가야 할 것 같았다. 그렇다면 진로를 탐색하는 과정에서도 아는 사람의 유무에 따라 정보의 양과 질에서 격차가 벌어진다는 말 아닐까.

뭐야, 결국 또 인맥이야? 강연자에게는 미안한 말이지만 비슷한 이야기가 들려오면 결국엔 그렇단 말이지 하는 삐딱한 마음이 되어 남은 강연에 집중할 수 없을 정도로 급격히 흥미를 잃어버렸다.

대학 시절, 친구와 함께 유명 웹툰 작가의 특강을 들으러 간 적이 있다. 친구는 자기가 좋아하는 작가라 사인을 받고 싶다며, 나는 당시만 해도 웹툰 작가라는 직업이 생소하던 때라 어떻게 포털 사이트에서 만화를 그리는 일이 직업이 될 수 있었는지 궁금한 마음에 꽤 높은 경쟁률까지 뚫고 강연을 들으러 갔다.

스타 작가인 그는 우리나라의 가장 큰 포털 사이트에서 어떻게 아무런 경력도 없이 연재를 시작할 수 있었는지, 데뷔하기 전에 있었던 일을 차분히 설명했다.

그가 "동료인 A 작가의 소개로 회사 담당자를 만날 수 있었다"고 말하자마자 청중은 술렁였다. A는 당시 웹툰을 즐겨보지 않던 나조차도 이름만 들으면 대표작을 열거할 수 있을 정도로 유명한 작가였다.

그렇게 유명한 사람이랑 대체 어떻게 알게 된 거지? 이심전심이었던 건지 친구가 볼펜 끝으로 내 팔뚝을 살짝 건드리며 들릴 듯 말 듯한 목소리로 속삭였다.

"둘이 어떻게 알게 된 걸까?"

그러게 말이다. 그 순간 어떤 학생이 손을 번쩍 들어 마치 모두의 마음을 대변하듯 용감하게 질문했다.

"A 작가님을 어떻게 알게 되셨어요?"

강연장에 있던 모두가 궁금한 눈으로 대답을 기다렸다. 데뷔를 도운 동료가 이름만 대면 누구나 알 법한 인기 작가라니. 두 눈 씻고 찾아보아도 주변에 작가는커녕 취미로라도 이야기를 쓰거나 그리는 지인조차 없었던 나는 드디어 자기만의 콘텐츠를 창작해 먹고사는 사람들을 만날 수 있는 방법을 알아낼 수 있을까 싶어 귀를 쫑긋 세웠다.

"어… 그러니까 그게 그냥… 어쩌다가요. 어쩌다가 알게 됐는데요."

기대와 다른 허무한 답변에 허탈해진 나는 다소 성이 난 필체로 연습장 귀퉁이에 글씨를 휘갈겨 친구에게 보여주었다.

'어쩌다가?'

친구 역시 황당한 표정이었다. 아니, 그러니까 저희는 그 '어쩌다가'가 도대체 어쩌다가인지 궁금하단 말이에요. 강의가 끝나자마자 쏜살같이 빠져나온 친구와 나는 "결국엔 인맥이란 건가"라는 말로 한 줄 요약을 마치고 답답한데 산책이나 하자며 캠퍼스를 걷고 걸었다.

업계에 발 들일 수 있도록 적극적인 도움을 준 귀인을 만난 비법이 다름 아닌 '어쩌다가'라니. 거참, 무슨 속사정이 있어서 알려주지 않는 건가요. 그날 우리는 마치 제품 정보가 궁금하다는 팬들의 질문에도 속시원한 대답을 해주지 않는 인플루언서에게 느낄 법한 섭섭함이 폭발해버렸고, 그의 웹툰이 예전처럼 재밌지 않은 것 같다는 속 좁은 뒷담화를 나눈 뒤 헤어졌다.

사소한 정보 하나에도 목말라 있던 취업준비생 시절에는 하늘에서 내려온 튼튼한 동아줄만 잘 붙잡으면 진로 고민이 뚝딱 해결될 줄 알았다. 인간관계를 잘 관리하지 못한다는 내 단점이 중요한 취업 정보에서 배제되고, 남보다 뒤쳐지는 결과로 이어질까 봐 두려웠다. 동아줄을 붙잡아 좋은 직장에서 커리어를 쉽게 시작하고 싶다는 속물적인 욕망과 절박함을 끌어안은 채, 대단한 성취를 이룬 사람들이 노하우를 공유하는 자리를 부지런히 쫓아다녔다.

그러나 막상 직업인으로서 첫발을 내딛고 보니 인맥은 중요하지만 상호교환이 가능할 때부터 의미가 생긴다는 걸 깨달았다. 업계 안으로 진입한 뒤 나도 누군가에게 도움을 줄 수 있는 시점부터 밀어주고 끌어주는 관계도 형성할 수 있는 것이다.

활동 반경이 겹치고 상황이 비슷한 사람들끼리는 자주 얼굴을 맞대고 부대낄 수밖에 없고, 그러다 보면 친해지는 건 시간문제다. 때문에 많은 명사가 "당신 옆에 있는 그 대단한 사람들을 어떻게 알게 되었냐"는 질문을 받으면 머리를 긁적이며 "글쎄요. 어쩌다가?"라는 내용 없는 답변을 할 수밖에 없는 것이다.

영향력과 인지도를 쌓은 사람이 그에 준하는 경력이 있

는 동료를 곁에 두는 일은 그다지 어렵지 않다. 비슷한 시기에 일을 시작한 사람들과 어깨를 나란히 하고, 하던 일을 계속하다 보면 업계 인맥은 따라오는 법이니까.

문제는 활동 반경이 겹치지 않지만 관심 있는 분야에 몸담고 있는 사람에게 먼저 다가가고 싶을 때인데, 이때 '인맥관리'라는 말 대신 '네트워킹'이란 말에 기대어 실마리를 찾아보면 문턱이 훨씬 낮아진다.

과거의 인맥관리가 힘과 영향력이 있는 한 사람에게 여러 명이 시혜를 기대하며 줄을 대려는 방식이라면, 네트워킹이란 방사형으로 얽힌 관계망 안에 발을 들이는 모습에 가깝다. 괜찮은 일감을 물어다 주고 길을 터주는 동아줄 하나를 잡기 위해 노력하는 대신, 목적이 비슷한 사람들이 모여 있을 법한 커뮤니티를 찾아가는 것이다.

직장에서 쌓은 경력과 인맥을 가지고 나와 독립하는 많은 프리랜서 사례와 달리 내가 광고대행사 AE에서 글쓰기 작가로 '전직'을 하면서 가장 쩔쩔맸던 부분도 업계 사람들이 모인 커뮤니티를 찾는 일이었다.

회사원이 아닌 일로 먹고사는 사람이 주변에 전무한 환

경이라 작가라는 직업은 나에겐 늘 상상 속 유니콘 같았다. 사실상 아무런 준비 없이 달랑 원고만 있는 상태에서 가치를 창출할 수 있는 방법을 몰라 일단은 스스로 책을 만들어 판매해보기로 했다.

처음엔 독립출판 제작자를 자신의 직업적 정체성으로 삼고 활동을 꾸준히 해나가고 있는 작가들의 강연과 독립출판 북페어처럼 창작자를 직접 만나 소통할 수 있는 행사를 찾아다녔다. 이후 출판사와 두어 권의 책을 내고 몇몇 출판 편집자와 인연이 생긴 뒤로는 일의 영역을 넓히고 싶어 외주 작가로 살아가는 프리랜서 작업자의 팟캐스트나 브이로그를 검색해 구독한 뒤 오프라인 모임이 보이면 수줍음을 무릅쓰고 참석하기도 했다.

강연 활동을 활발히 하는, 업계의 '선생님' 소리를 듣는 대가들의 정보를 얻는 방식, 업계 종사자끼리 모여 정보를 공유하는 커리어 관련 모임에 등록하는 방식도 좋지만, 대개 만만찮은 비용을 지불해야 하기 때문에 상황이 여의치 않은 이에게 선뜻 권할 수는 없다.

비용을 감당할 수 없는 상황이라면 무작정 지갑을 여는

대신 같은 궁금증을 품고 있는 이들, 나보다 딱 반 발짝 앞서 고민을 해결한 경험이 있는 이들이 자기 경험담을 진솔하게 풀어놓은 영상과 게시글을 먼저 찾아보면서 그들의 궤적을 정리해보면 어느 정도 공통점이 보인다.

자기 표현과 서사 쌓기가 자산이 되는 시대엔 생각보다 적나라할 정도로 솔직하게, 자기 경험을 나누고 싶어 하는 이들이 많다. 당장 구독자 100만의 초대형 인플루언서들 모임에 초대될 수는 없어도, 구독자 1만 이하의 마이크로 인플루언서가 자기 채널을 하나의 플랫폼으로 이용해 네트워킹을 하는 행사 정도는 관심을 기울이다 보면 얼마든지 참여할 기회를 얻을 수 있다.

동시에 개인적으로도 SNS를 나라는 사람의 활동 방향과 역량을 알리는 공적 플랫폼으로 가꾸는 연습도 필요하다. 어디까지나 개인적인 공간이니 일기도 쓸 수 있고 일상 사진도 자유롭게 올릴 수 있지만 일기 한 줄, 길 가다 찍은 고양이 사진 하나에도 자기 관점과 관심사를 감추지 말고 드러내면 어떤 분야든 콘텐츠를 창작하는 사람에게는 SNS 계정 하나가 곧 자기 색깔을 드러내는 훌륭한 포트폴리오로

기능할 수 있다.

네트워킹이 중요한 이유는 결국 어떤 속성의 작업이든 경제적인 대가를 받으려면 반드시 '업계'라는 테두리 안으로 들어가야 하기 때문이다. 회사에 취업해서 월급을 받듯, 작품을 구매해줄 소비자가 있는 시장 안으로 진입하지 못하면 창작 노동은 직업이 아닌 취미생활이 된다. 작품을 상품으로 만드는 기술자, 그 상품을 판매하는 플랫폼이나 매장도 필요하다.

이 모든 일을 홀로 책임지는 사람은 여태껏 한 명도 만나지 못했다. 대가를 받지 않고 불특정 다수에게 무료로 내 작품을 배포할 게 아닌 이상, 직업인으로서 창작자가 되는 것이 목표라면 부끄럽고 내키지 않더라도 업계 사람들과 제대로 얽힐 각오를 해야한다.

뭐든 혼자 할 때가 더 편한 이 땅의 내향인들에게 희소식이 있다면, 학교나 직장 등에서 선배나 사수 몇몇을 중심으로 형성된 이른바 '라인'에 비해 네트워킹은 테두리가 훨씬 넓다는 것이다.

새로운 정보와 기회가 필요할 때마다 목적을 숨기지 않

을뿐더러, 오히려 목적을 명확하게 드러내어 이용하고 기꺼이 이용당한다. 쫀쫀한 관계의 점성이 덜할지언정 목적과 상황이 맞다면 언제든 뭉칠 수 있다는 암묵적 합의가 이루어진 협의체의 모습을 띤다.

그런 협의체를 장기적으로 운영할 수 있다면 이상적이지만, 당장에 아는 사람 하나 없는 업계에 발을 들일 땐 일단 단기적인 모임에라도 참석하며 느슨하지만 새로운 그물망 안으로 발부터 내디뎌보자. 그리고 민망해하지 말고 일단 내 고민을 솔직하게 던질 것. 늦더라도 반드시 응답이 돌아올 테니.

팀플은 적성에 안 맞는 줄 알았는데

프리랜서가 된 후 생긴 버릇 하나. 조금만 친해졌다 싶으면 참지 못하고 일에 대한 질문을 쏟아낸다.

하루에 일은 몇 시간 정도 하세요? 글은 아침에 쓰세요, 아니면 저녁에 쓰세요? 글은 구조를 먼저 짠 뒤에 쓰세요? 하기 싫은 일을 해야 할 때는 마음을 어떻게 다잡으세요?

물음표 살인마라는 무시무시한 별명으로 소문이 날까 두려워 은근슬쩍 하나씩 물어보는 편이지만 마음이 편해지면 주체하지 못하고 궁금증을 쏟아낼 때도 있다. 그런 날이면 괜한 말로 상대를 피곤하게 만든 것 같다는 후회와 자책을 모래주머니처럼 양발에 대롱대롱 매달고 무거운 발걸음으로 귀가한다.

아마도 내가 모르는 좋은 방법을 누군가는 알 거라고 믿기 때문이겠지. 앞으로 5년, 10년을 계속 같은 일을 하더라도 다른 사람은 어떻게 하는지 궁금해하며 기웃대는 버릇을 고칠 수는 없을 것 같다.

 조직에서 일할 때는 월급이 회사의 유일무이한 장점이라 생각했다. 그러나 준비 없이 덜컥 혼자 일하기 시작한 뒤 얼마 지나지 않아 어쩌면 월급은 물론, '동료'야말로 조직에서 일할 때만 누릴 수 있는 복지라는 생각이 들었다. 단지 한 회사에서 일한다는 이유만으로 전화를 걸어 궁금한 걸 물어볼 수 있고, 때로는 머리를 맞대고 고민하거나 아이디어를 품앗이해주기도 하니.

 소속이 있을 때는 당연하다 여겼던 동료의 존재가 하루아침에 사라지자, 커다란 집 안에서 불현듯 아무도 없다는 사실을 깨닫고 오싹해하는 공포 영화 주인공처럼 진땀이 흐르는 기분이었다.

 잠깐, 이제는 중간 과정을 같이 점검할 사람이 없단 거잖아? 한정된 시간 내에 아이디어를 짜내고 실행해야 하는 일을 했기 때문에 회사에서는 어떤 아이디어가 광고주에게,

그리고 시장에서 좋은 반응을 끌어낼 만한지 제대로 예상하는 과정이 중요했다. 때문에 여러 단계에 걸쳐 이대로 괜찮을지 동료와 점검하는 자리가 잦은 편이었다.

이렇듯 타인과 함께 과정을 점검하며 언제든 피드백을 들을 수 있는 환경에서 일을 하다가 이 일이 지금 제대로 가고 있는 건지 삼천포로 빠진 건지 단 한마디의 감상조차 들을 수 없는, 그야말로 고립된 상태에서 홀로 모든 과정을 해내야 하는 책 작업을 시작하고 나서야 알았다.

와, 나 혼자 일하는 거 좋아하는 줄 알았는데, 아닌가? 매운 거 좋아한다고 잔뜩 으스대다 매운맛 5단계 마라탕을 받아든 사람처럼 당혹스러운 기분이었다.

일이 진행되는 각 단계마다 누군가 개입할 수 있는 환경은 일의 주도권과 책임을 흐리게 만들 수 있다는 부작용도 있지만, 피드백받는 창구가 있다는 사실을 시시각각 확인함으로써 불안을 상쇄할 수도 있다.

피드백을 듣고 반영하는 과정이 일상이던 업계에서 일하다가, 원고에 마침표를 찍어 종료를 선언하기 전까지는 일절 개입이 없는 작가라는 일을 시작하자 회사에서는 도망치고만 싶던 피드백 회의가 그리울 지경이었다.

조금만 가까워져도 내 글을 좀 읽어줄 수 있겠냐는 부탁을 하고, 서로 글을 공유하고 피드백하는 모임을 해보자고 제안했다. 지나가는 사람을 붙잡고 피드백 모임을 해보자고 여기저기 찌르고 다니다 보니 많을 때엔 글쓰기 모임이 네 개까지 불어났다.

도와달라는 말을 하는 것도 한두 번이지, 일로 엮인 사이도 아닌데 생각이 가로막힐 때마다 감 놔라 배 놔라 해달라고 요구할 수는 없었다. 다정한 친구들에게 피드백을 받으며 분명 큰 힘을 얻었지만 친구는 직장 동료와 달랐다. 어딘가 간이 덜 된 듯 밍밍한 요리를 두고도 어떻게 하면 간을 딱 맞출 수 있을지, 날카로운 조언을 받을 수는 없었다.

창작에 정답은 없다지만 오답은 있기 마련이다. 그때쯤 나는 매일 오답이 적힌 답안지를 내는 수험생이 된 것 같았다.

무조건적인 지지와 응원을 보내는 말을 들을 때면 눈물이 찔끔 날 것처럼 고마우면서도, 친구가 아닌 동료의 존재가 간절하게 느껴졌다. 언제까지 나에 대한 애정이 가득한 친구들에게 보여주기 위한 글만 쓰면서 살 수는 없었다. 글로 밥 벌어먹고 살게 된 이상, 보다 객관적인 관점에서 결과물의 수준을 끌어올리기 위한 날카로운 직언도 들을 필요가 있다는 생각이었다.

그러나 밍밍한 요리를 내놓은 요리사 앞에서 간이 어떻고, 뒷맛이 어쩌고 하면서 개선 사항을 나열하는 껄끄러운 역할을 친구가 해줄 수는 없었다. 일주일마다 한 달마다 돌아오는 친구들과의 글쓰기 모임은 친구들의 새로운 글을 읽는 재미로, 그 핑계로 친구들 얼굴이라도 한 번 더 보는 재미로 취미생활처럼 이어갔다.

요즘엔 무슨 일해? 요즘 일은 어때? 언젠가부터 누군가 요즘 쓰고 있는 글과 다음 작품에 대한 계획을 물어보면 그냥 그렇다, 똑같다는 말로 얼버무리고 넘어갔다. 거짓말은 아니었다. 지금 쓰는 이야기에 대한 확신이 없었고, 앞으로 쓰고 싶은 이야기에 대해서도 아무런 윤곽 없이 모호한 상태였으니까.

밑그림조차 없는 상황에서 두 번째 소설집의 출간 제안이 와서 덜컥 도장을 찍어버렸다. 하면 되겠지, 라는 다소 안일한 생각을 할 수 있었던 건 첫 번째 소설집을 워낙 벼락

같이 단숨에 써버렸기 때문이다.

그런 일은 일생에 한 번뿐이라는 걸 몰랐기에 저지를 수 있었던 일이다. 내 작업 속도와 성향을 제대로 파악하지 않고 저지른 어이없는 실수였다. 윤곽도 나오지 않은 상태에서 계약서에 도장부터 찍는 게 얼마나 무모한 짓인지 두 번째 소설집을 준비하는 내내 통감했다.

일단은 뭐든 써보자며 아이패드를 챙겨 망원동의 한 카페를 사무실처럼 드나들었다. 거의 매일 같은 자리에서, 궁둥이를 붙이고 버텨보는 수밖에 없었다. 하고 싶은 말을 찾지 못했으니 원고를 쓸 수 있을 리 없었다.

빈 문서를 열고 되는 대로 끄적이다 공상에 빠진 상태로 저녁 시간이 되어 귀가하는 실속 없는 하루를 반복했다. 쓰고 싶은 이야기가 생각나지 않아 단 한 줄도 쓸 수 없던 어느 날, 어김없이 멍하니 딴 생각에 빠져 있는데 반가운 목소리가 들려왔다.

"작가님!"

강민선(작가이자 임시제본소 대표)이었다. 이게 웬일이야? 반가운 얼굴이 보이자 일단 앉아보라고, 잠깐 이야기나

하자며 그녀를 내 앞에 앉혔다. 매일 아는 얼굴 하나 없는 카페로 출근해 작업을 하면서 아는 사람을, 그것도 같은 일을 하는 사람을 만날 수 있으리라 기대한 적은 없었다.

우연한 만남에 반가움을 숨기지 못한 나는 강민선에게 물음표를 쏘아댔다. 어떤 글을 쓰는지, 다음 작품은 언제쯤 나올지. 무엇을 말해야 할지 몰라서 우왕좌왕하던 나와는 다르게 하고 싶은 말이 명료하게 정리된 사람처럼 강민선은 지금 쓰고 있는 글에 대해 차분히 설명했다. 고개를 끄덕이며 설명을 듣던 내 입에서 느닷없이 또 물음표가 튀어나왔다.

"작가님은 혹시 글쓰기가 어려울 때는 없으세요? 슬럼프 같은 거요."

질문한 지 얼마 지나지 않아 나는 사고를 쳤다는 생각에 당황할 수밖에 없었는데, 갑자기 강민선의 큰 두 눈에서 맑은 액체가 뚝뚝 떨어지기 시작한 것이다. 비현실적일 정도로 빠르게 떨어지는 눈물을 바라보며 허둥지둥 휴지를 건넸다.

"신경 쓰지 마세요."

투명한 눈물을 흘리는 와중에도 눈앞에 앉은 내가 미안해할까 봐 마음 쓰였던 건지 자꾸만 신경 쓰지 말라고, 원래 눈물이 많은 편이라고 해명하는 강민선 앞에서 위로에 재주가 없던 나는 결국 눈물이 잦아들 때까지 단 한마디도 덧붙이지 못했다. 조용히 눈물을 흘리는 그녀를 바라보며 이상하게도, 설명할 수 없었던 내 감정을 이해받은 듯한 기분까지 느껴버렸다.

혼자 일한다는 게 외로운 일이죠? 참 외로운 과정인 것 같아요. 한 번도 이름 붙인 적 없던 내 감정에 정확한 이름을 붙여 쓰다듬어주는 사람을 만난 듯한 기분이었다. 동료가 없어서 불편하다고 생각했지만 사실 내 마음을 괴롭게 만들었던 감정은 불편함이 아닌 외로움이었다. 내가 걱정하던 것 역시 동료의 피드백을 받지 못해서 좋은 결과물을 내는 데 실패하는 상황이 아닌, 혼자인 채 고립에 빠지는 상태였다.

강민선은 책 《외로운 재능》에서 이날의 경험에 대해 쓴 글에서 '황유미 작가가 위로를 해주었다'는 식으로 표현했지만 나는 반대로 강민선이 때마침 나타나 적절한 방식으로 불안감에 떨리던 내 손을 잡아준 날이었다고 기억한다.

미처 돌보지 못하던 나의 외로움을 깊숙이 공감한 동료가 나 대신 눈물을 흘려주었다. 그 눈물 덕에 짐을 챙겨 카페를 나올 때는 한결 가벼운 발걸음으로 귀가할 수 있었다. 사람을 울려버리고 이렇게 후련해도 되는 건지.

집으로 돌아가는 길에 휴대폰을 꺼내, 퇴사하자마자 삭제했던 연락처의 '동료' 카테고리를 다시 만들었다. 그날 이후로 동료에 대한 정의도 대폭 수정했다. 그간 같은 회사에 소속되어 있거나 이익을 공유하는 프로젝트를 함께 추진해야 동료가 되는 거라 생각했다. 서로의 일에 관여하고 구속할 수 있는 권한이 부여된 사이일 때만 동료라 부를 수 있다는 협소한 생각을 고쳐먹기로 했다.

동료가 없다고 생각하지 말자. 같은 고민을 하는 사람들이 곁에 있는 이상 혼자가 아니니까. 일단 강민선의 연락처를 동료 카테고리로 옮겼다. 프리랜서 신분이 된 후 처음으로 동료 카테고리에 연락처 하나가 추가된 그날부터 동료와 동료가 아닌 사람을 엄격하게 가르던 내 안의 쓸데없는 선 하나를 지울 수 있었다.

소속을 공유하는 사람이 없어도 동료는 있다. 오늘의 문제, 요즘 고민, 가까운 미래에 생길 변화를 나누고 아낌없는 축하와 위로를 보낼 수 있는 사람, 이제는 그런 이들을 주저 없이 내 동료라고 부른다.

공평한 협업은 어떻게 가능한가

가끔 사이드 프로젝트를 해보고 싶은데 함께할 수 있는 사람을 어떻게 찾느냐는 질문을 듣는다. 나 역시 처음부터 책을 함께 만들 사람이 옆에 있었던 건 아니기에 어떻게 동료를 구해야 할지 모르겠다는 고민에 공감한다.

찬물을 끼얹는 것 같아 조심스럽지만 일단 '정말 꼭 같이 해야만 하는 프로젝트인지' 물어본다. 혼자 하면 동기부여가 안 된다는 이유만으로, 혹은 그저 재미있을 것 같다는 이유만으로 동료를 구하는 일은 신중해야 한다.

아이디어를 여러 사람이 덧붙여 발전시키는 건 의뢰인이 존재하는 회사일 때나 가능하다. 사공이 많으면 배가 산으로 간다. 자칫 사람만 모아놓고 뭘 해야 하는지 정하지 못한 채 어영부영 시간만 지나고 없던 일이 되어버릴 수가 있다.

어느 회사의 회의실, 선배 A와 후배 B는 반쯤 빠져나간 영혼을 간신히 붙잡고 있었다. 회의실은 어느 순간 업무량을 대결하는 천하제일 고생자랑대회 혹은 충격적인 사생활을 고백하는 기자회견장이 된 지 오래다. 구내식당 메뉴를 확인한 A는 B에게 슬쩍 메시지를 보낸다.

"나는 열무비빔국수, 너는?"

"삼겹살 김치찜."

사이좋게 오늘의 메뉴를 하나씩 고르고 이구동성으로 외친다.

"언제 끝나냐!"

그 순간 회의실에서 가장 직급 높은 사람이 말한다.

"자, 그럼 수요일에 정리해서 보자."

회의 내용의 9할이 사담, 나머지 1할은 두서없이 나열한 생각의 조각이 전부였는데 회의가 급작스럽게 끝나버린다. 지금은 월요일 아침, 정리된 내용을 수요일에 점검하려면 이틀밖에 시간이 없다는 말이다. 이틀 안에 보고서를 작성해야 한다는 생각에 A는 짜증이 나지만 어쩔 수 없으니 받아들인다.

B는 그저 어리둥절하다. 네? 뭘 말이죠? 아직 아무것도 정해진 게 없는데 무엇을 어떻게 정리하란 말인가요? 제 실력이 모자라 선배들의 말을 따라잡지 못한 것 같아 부끄럽기도 하면서 이 황당한 상황을 아무렇지 않게 받아들이는 선배 A가 존경스럽다.

한편으로 매번 이렇게 선배들이 난장으로 떠든 이야기를 그럴듯한 기획안으로 만드는 괴로운 일을 반복해야 하는 건가 복잡한 심정이다. 생각을 정리하는 노동은 실무자 몫으로 고스란히 남는다. 신이 나서 떠든 사람과 받아쓰기를 하는 사람이 다르다 보니 정리하는 사람은 매번 말을 만들어내느라 머리를 쥐어뜯는다.

협업이 괴로운 이유 중 하나는 여러 사람의 생각을 모아 하나의 결론을 도출해야 하는 회의 때문이다. 특히 회사의 아이디어 회의는 대개 시간을 무용하게 흘려보내고 있다는 무력감을 느끼게 한다.

아이디어를 모으는 브레인스토밍 과정은 주로 목소리가 크고 말이 많은 사람들이 주도한다. 이들이 부르는 피리 소리를 따라가게 될 수밖에 없다는 점에서 회의의 비극이 시작된다. 피리 소리를 따라간 곳에 정답이 있다면 더할 나위 없이 이상적이지만, 사람들의 혼을 쏙 빼놓은 피리 소리는 회의가 열린 목적에서 벗어난 경우도 허다하다. 말 잘하는 것과 사고를 체계화하는 역량이 비례하는 것은 아니기 때문이다.

이건 아닌데 싶을 때, 바로 그때 용기를 내야 한다. 맥락을 빗나간 소리를 따라갈 게 아니라 주제를 전환해서 길을 바로잡는 적극성이 필요하다. 그러나 여럿이 모인 자리에서 발언하는 용기를 내는 순간, 책임까지 떠안아야 한다는 사실을 알기 때문에 많은 이들이 주저하며 상황을 방관한다.

다른 사람 얘기처럼 말했지만 사실은 내 얘기다. 어떤 시기에는 후배 B였고, 또 어떤 시기에는 선배 A이기도 했다. 조직에서 협업을 할 때 나는 대부분 방관하는 입장이었다. 방관자가 되면 용기를 내지 않아도 됐고, 억지로 용기를 쥐어짜내지 않아도 되는 그 상태가 편했다.

매번 앞에 나서서 뒤따르는 상황에 책임을 지는 직원이라니. 담이 간장 종지만 한 나에겐 생각만 해도 속이 울렁거리는 모습이었다. 나서지 않아도 아무튼 간에 일은 마무리되니 계속 방관자 역할에 머무를 수도 있었다.

누군가 나서서 정리하지 않으면 도무지 결과가 나오지 않는 프로젝트도 있다는 걸 프리랜서가 된 후에야 알았다. 그러니 회사에서 용기 내는 연습을 좀 해뒀으면 좋았을 거라는 것도.

조직 바깥에서 소속 없는 사람끼리 모여 추진하는 프로젝트나 구성원 모두 생업이 따로 있는 사이드 프로젝트는 누군가 방관자의 태도를 보이는 순간 바로 일시정지 버튼을 누른 것처럼 제동이 걸린다.

특히 금전적 대가가 전혀 없거나 계약으로 얽히지 않은 느슨한 상태로 추진하는 프로젝트라면 방관은 곧 일 자체에 대한 의심으로 이어진다. 정말 이 일을 해야만 하는 걸까? 처음엔 뜻이 맞아 시작했더라도 한번 의심이 드는 순간, 뒤집힌 모래시계의 윗면처럼 놀랍도록 빠른 속도로 의욕이 바닥을 보이기 마련이다.

사이드 프로젝트가 성공하기 어려운 이유다. 사이드 프로젝트란 말 그대로 '사이드'이기 때문에 구성원의 일상에 생기는 변수에 따라 언제든 후순위로 밀릴 수밖에 없어서 종료일과 결과물이 예상했던 바와 달라질 수 있다.

일에 대한 기대와 욕심의 그릇이 각기 다른 사람이 모여 아무런 대가 없이 자신의 시간과 노동력을 들여 일을 하는데, 누구 한 명이라도 외면하는 모습을 보인다면 일은 순조롭게 진행되지 않고 유야무야 엎어지고 만다.

일에 임하는 태도와 의욕은 쉽게 전염된다. 특히 함께 일하는 사람들의 기분에 쉽게 좌우되는 습자지 같은 인간, 이를테면 나 같은 사람은 의욕이 바닥을 치는 것 같은 동료의 모습을 목도하는 순간, 바닥에 떨어져 뭉개진 목련 꽃잎을 보는 것처럼 허무하다. 아아, 좋은 날은 다 갔습니다!

동료의 의욕이 하강하는 시점에도 용기가 필요하다. 필요하다면 내가 일을 더 하겠다는 각오로 용기를 내서 동료의 진행 상황을 체크해야 하지만 이 역시 용기 내기가 쉽지 않다.

강제성 없이 하는 프로젝트는 위계 없이 각자의 책임감에 기대어 굴러가기 때문에 동료를 감시할 수 없다. 감시하지 않아도 프로젝트가 잘 관리되고 있다는 안정감, 책임을 공평하게 짊어지고 있다는 합리성에 대한 공감대가 필요하다.

구글 스프레드시트부터 노션, 슬랙 같은 생산성 툴을 활용하기 시작하자 서로 간의 생각과 진척 상황을 알 수 없어서 깜깜하던 문제는 해소가 되었다. 하지만 구글이 무슨 만능 열쇠도 아니고, 공유 문서를 열어 사람들을 초대한다고 해서 모든 문제가 뚝딱 해결될 리는 없다.

시행착오 끝에 내가 내린 결론은, 결국 사람을 잘 만나는 게 가장 좋다는 것이다. 허무하지만 그 이상을 뛰어넘는 관리의 기술을 아직 찾지 못했다. '사람'에는 책임감과 성실성, 태도 같은 인성 측면부터 프로젝트에 필요한 역량까지 포함된다.

마침 나와 전문성 있는 분야가 다르면서 높은 기준을 스스로 설정하고 자율적으로 일을 척척 해내는 능동적인 성향의 사람을 동료로 구할 수 있다면 고민이 없을 것이다. 그러나 그걸 누가 모르겠는가. 손발 맞는 사람 찾기가 그만큼 어려워서 고민이지.

업계에서 개인 역량이 뛰어난 프리랜서들은 이미 본업만

으로도 눈코 뜰 새 없이 바쁘기 때문에 보상을 담보할 수 없는 일을 같이 해보자 제안하기도 어렵다. 결국 이 일을 해야만 하는 '절실한 목표'가 서로 같아야 일은 굴러가고, 꺼져가는 의욕도 되살릴 수 있다.

회사와 구직자만 인터뷰가 필요한 게 아니라, 사이드 프로젝트를 할 때는 동료 간에도 서로를 알아가는 과정이 반드시 필요하다. 프로젝트 시작 전에 우리가 꼭 이 일을 해야 하는지 대화를 나누면서 공감대를 형성하는 과정은 서로의 상황을 이해할 수 있는 기회이기도 하다.

만약 벌써 '굳이' 이렇게까지 해야 하나, 라는 생각이 든다면 단언컨대 그 일은 그쯤에서 접는 게 좋다. 애초에 나에게 그다지 절실하게 필요한 일이 아니라는 말일 테니. 나에게 절실한 아이템이 아니라면, 남에겐 더더욱 매력이 없을 것이다.

절실하게 필요한 일, 그런데 나 혼자서는 해낼 수 없는 일이라면 그때부턴 SNS 같은 공개된 공간도 좋고, 신뢰하는 직장 동료도 좋고, 평소 눈여겨보던 지인도 괜찮으니 적극적으로 말을 걸어 일단 하고 싶은 일을 '소문'부터 내는 게 중요하다.

당장 활용 가능한 인력풀이 있는 상황이 아니라면 그 정도는 떠들고 다녀야 내가 없는 자리에서도 내가 말했던 콘텐츠가 떠올라 누군가 적당한 사람이 보이면 "걔한테 연락해봐"라는 추천을 해줄 수 있기 때문이다. 마침내 만난 (잠재적) 동료와 나눈 대화 중에서 서로를 파악하는 데 가장 도움되었던 몇 가지 질문을 정리해봤다.

- 왜 이 일을 하고 싶은가?
- 나에게 기대하는 역할은 무엇인가? 반대로 자신의 역할은?
- 각자 기대하는 역할에서 중첩되는 부분, 공백이 생기는 부분은 없는가?
- 공백이 생기는 부분의 업무는 어떻게 배분하고 싶은가?
- 하루 일과 중에서 이 일에 전념할 수 있는 시간적 여유는 어느 정도일까?
- 본업으로 바쁜 시기엔 언제든 중단하기를 원하는가?
- 이 일을 우리가 함께 고민하는 과정이 즐거운가? (중요!)

소속감이 필요하다는 고백

출판 업계 종사자만 입주할 수 있는 공유 오피스에 들어갔지만 한동안 사무실에 출근하는 생활이 어색했다. 개구리 올챙이 적 생각 못 한다고, 매일 출근하던 생활을 그래도 5년이나 해봤는데 2년도 채 지나지 않아 생활의 리듬이 완전히 달라진 것이다. 회사를 다닐 때만 해도 설마 출근이 어려워서 끙끙댈 줄은 몰랐다.

지원서를 작성해 제출하고 심사를 받는 까다로운 절차를 거쳐 사무실에 입주하기는 했지만, 쾌적하고 좋은 공간에 내 자리 하나가 생겼다고 막혔던 둑에서 물이 터져 나오듯 내면의 창조력이 폭발하는 그런 기적이 저절로 일어날 리는 없었다.

애초에 사람을 만나고 바깥에서 활동할 때 에너지가 소진되는 나 같은 사람에게는 재택근무만큼 효율적인 근무 형태도 없을 것이다. 사무실에 꼬박꼬박 출근하는 게 너무 힘들다, 출근하더라도 이상하게 마음 붙이고 작업하기가 어렵다는 속사정을 가끔 친한 작가들에게 털어놓았다. 작가들은 누가 들으면 곤란한 비밀 이야기를 하는 사람처럼 나에게 속삭였다.

"저도 그래요. 사실 사람 만나는 게 글에는 별 도움이 안 되는 것 같아요."

공유 오피스가 아닌 개인 작업실을 구해 작업하고 있는 한 동료는 이런 말을 했다.

"그런 데(공유 오피스) 가면 사람들한테 아는 척하고, 친하게 지내야 할까 봐 신청 안 했어요."

다가오지도 않은 사람들을 벌써 온몸으로 밀어낼 준비가 되어 있는 작가들과 하하호호 웃으며 대화를 나누는 동안 마음의 위안을 얻었다. 그러면서도, 계약을 해지하는 것도 고려해보라는 말에는 고개를 저었다.

사교 활동과 작업 집중력이 정확히 반비례해서, 작업을

시작하면 일단 사람과 거리를 두어야만 하는 사람이 나뿐만이 아니라는 사실에 안도감을 느꼈다. 그러나 충분히 이해받았다는 느낌에 안도하면서도 작가들과 대화하며 공감을 샀던 내 성향은 전부가 아닌, 어디까지나 '일부'라는 사실이 중요했다.

나의 또 다른 일부는 동종업계 사람들과 일에 대한 고민을 나눌 수 있다는 안정감에 뿌리를 내리고 있었다. 그즈음 나는 사무실에서 일은 안 하더라도, 사무실에서 마련한 출판 실무 관련 워크숍이나 작업자 모임엔 꼬박꼬박 출근 도장을 찍는 편이었다.

출판사 편집자, 북 디자이너, 1인 출판사 대표, 동화 작가, 에디터, 방송 작가, 북 크리에이터까지 경력과 경험의 폭이 다양한 사람들끼리 모여 요즘 하는 일과 관련된 고민을 털어놓고 얘기하는 시간, 특히 전문성이 각기 다른 사람들과 공동의 목표를 추구하는 팀플레이를 도모할 수 있다는 가능성을 확인할 때마다 안정감을 느꼈다.

한 해의 작업을 회고하고, 직업적으로 마주치는 현실적인 고민을 털어놓고, 창작 노동에 적용할 수 있는 새로운 기술이나 지원사업 소식 같은 것들을 가감 없이 공유했다.

같은 공간에서 자기 일을 한다는 공통점 외에는 일면식도 없던 사람과 밀도 있는 대화를 나눈 날이면, 다시 내 자리에 앉아 빈 화면을 보는 마음이 조금은 가벼워졌다. 한바탕 이야기를 늘어놓고 나니 오랜만에 막힘없이 글을 쓸 수 있었다. 지루하고 따분해서 숨이 막힌다 생각했던 자리에도 조금씩 정을 붙이고, 출근길에 활력이 생기기 시작했다. 일에 대한 고민을 터놓을 수 있는 업계 동료가 있다는 사실을 자각한 순간부터 비로소 내가 하는 일에 대한 장기적인 기대감이 생긴 것이다.

처음 공유 오피스를 계약할 때만 해도 몇 시간 집중해서 일만 하다 가면 그만일 거라고 생각했다. 생각보다 일이 잘 풀리지 않는 시기엔 일시불로 납부한 임대료가 아까워 발만 동동 굴렀다. 매일 잘 풀리지 않는 글쓰기를 또 하러 가야 한다는 중압감 때문에 출근을 준비하는 몸은 솜이불처럼 무거워져만 갔다. 공유 오피스도 엄연히 오피스요, 오피스엔 오피스 라이프가 있는 것처럼 공유 오피스에도 공간을 숨 쉬게 만드는 사람과 일상, 삶이 있어야 한다는 걸 간과했다.

자기소개와 포트폴리오 너머에 있는 각자의 복잡한 사정과 고민 중 극히 일부라도 공유하는 시간을 함께하자 사무실에 있는 사람들에게 동지애를 느낄 수 있었다. 사람들의 얼굴이 하나하나 눈에 들어오고, 이름을 기억하기 시작했다. 눈이 마주치면 인사를 주고받았다. 가끔은 같이 식사를 하기도 했다.

그러다 잘 풀리지 않아 고민인 원고를 아무런 대가 없이 봐주겠다는 프리랜서 편집자 동료도 만날 수 있었고, 평소 동경하던 매체에 글을 기고하는 기회가 찾아오기도 하고, 느낌이 좋은 출판사 대표님과 출간 계약으로 이어지기도 했다.

서로 인사를 나누는 작은 행위에서 시작된 상호작용이 업계 사람들과의 다음을 도모하며 직업적인 성취로 이어지는 경험을 하는 동안 비로소 나 역시 업계의 플레이어, 작업자로 활동하고 있다는 사실을 인정받은 듯했다.

마치 '이곳이 내 자리'라는 감각. 내 자리에서, 내가 할 일을 아는 상태로 집중할 때 느꼈던 안정감. 마땅히 있어야 할

곳에 자리를 잡고 일할 때만 느낄 수 있는 그런 감각을 느꼈다. 지겹도록 변화가 느껴지지 않던 큰 회사, 그 공룡처럼 커다란 조직이 매년 조건 없이 보장해주던 감각이었다. 자리를 박차고 떠난 뒤로 한동안 잊고 산 줄 알았는데…. 한때는 싫증 날 정도로 몸에 착 붙어 있었지만 잊고 살았던 그 감각의 다른 말은 '소속감'이었다.

공간을 이용하는 사람들이 스쳐 지나가는 아무개가 아닌 나와 같은 고민이 있는 동료라고 인식하기 시작한 날부터 출근하는 자세도 달라졌다. 오늘도 원고를 다 쓰지 못하면 어쩌지 하며 개인적인 목표를 채우지 못할까 봐 출근 전부터 걱정을 앞세우는 대신, 공유 오피스의 동료들과 함께 할 수 있는 공동의 과업을 생각하면서 출근길의 무거운 발걸음에 변화를 주기 시작했다. 공유 오피스에서 만난 동료들에게 조언을 구하며, 혼자 끙끙 앓다가 힘에 부쳐 포기할 수도 있는 창작 노동의 불안함을 상쇄할 수 있었다.

회사에 다닐 때도 나는 프로젝트 과정과 성과를 공유하는 세미나를 좋아하는 편이었다. 다른 사람들이 일을 어떻게 하고 있는지 듣는 시간이 즐거웠고, 일을 잘하기 위해 고민하는 사람들을 만나면 그 사람에 대한 인간적인 호기심도 커지는 성향이었다. 프로젝트를 의뢰한 클라이언트부터 시작해 수많은 이해 관계자들과 협업해 결과물을 만드는 팀플레이가 일상인 업계에서 개인플레이가 기본값인 곳으로 옮겨왔지만, 여전히 나는 내 노동을 독립적인 위치가 아닌 팀프로젝트의 일부로 바라보는 관점을 유지하고 있다는 것 또한 공유 오피스 생활을 하면서 깨달았다.

개인플레이로 짜인 일상에 가끔 찾아오는 팀플레이의 순간은 아침에 창문을 열어 환기를 할 때처럼 공기를 순환하는 역할을 했다. 소속 없는 프리랜서로 집필 노동을 하며 강도 높은 개인플레이를 하지만, 노동에 대한 보수가 책정된 일이라면 그게 어떠한 종류의 일이든 간에 누구도 완벽히 개인플레이어일 수는 없다.

독립적으로 활동한다는 작가 뒤에도 그의 작품을 밝은 눈으로 알아봐주는 편집자나 출판사 혹은 작가를 신뢰하는 고정 독자들이 서 있다. 산업의 일부에 속하는 결과물을 내놓게 되는 그 시점부터 이미 업계 사람들, 넓게 보면 얼굴 없는 대중까지 포함한 수많은 타인과 팀플레이를 시작하는 것이다.

내가 쓴 글, 내가 작업한 책에서 '나'라는 주어를 '우리'로 바꾸기 시작하자 일을 하는 태도에도 변화가 생겼다. 내 작업물을 나와 동일시하지 않고, 내가 직업인으로서 참여한 프로젝트에서 생산해낸 결과물이라고 인지하자 글에 대한 피드백을 받고 수용하는 과정에서 적어도 내 존재를 거부당하고 있다는 처참한 감정은 떼어낼 수 있게 되었다. 예술가보다는 업계에서 인정받는 숙련도 높은 기술자가 되고 싶다는 내 지향을 확인하게 된 계기이기도 했다.

코로나 바이러스로 인한 팬데믹 기간에 입주해 계약이 만료될 때까지 2년 가까운 시간을 공유 오피스에서 보냈다. 조직을 벗어난 지 2년만에 비로소 새로운 업계에 뿌리를 내리고 내년, 3년 후, 5년 후를 기약할 수도 있겠다는 힘을 얻었다.

그러나 자본도 인력도 없는 1인 창작자가 업계에 자리를 잡게 된 이러한 시간을 지자체의 '예산 효율'이란 명목으로 용도를 변경하려는 시도는 다양한 이력을 지닌 인력들이 상호작용하며 스스로 기회를 창출하고 비전을 만들어나갈 때 보다 가치가 생겨나는 콘텐츠 업의 본질을 이해하지 못한 아쉬운 결정이었다.

입주 기간이 최대 2년까지만 보장되는 공간에서 이미 짐을 뺀 뒤에도 나와 동료들은 함께 모여 이 아쉬운 결정이 어째서 아쉬운 것인지 알리는 활동을 했다. 서명을 받고, 현수막을 걸고, 공간의 쓸모를 알리기 위해 출판사와 창작자, 서점을 초대해 〈마포 책소동〉이라는 북페어 행사를 준비하기도 했다.

동료들이 다 준비한 판에 숟가락만 얹는 기분이라 내내 미안했지만, 업계 언저리를 쭈뼛거리며 헤매는 작업자의 '자리'를 지켜주고 싶었다. 행사의 허드렛일을 하는 동안에도, 북페어 홍보 전단을 부착하고 온라인 홍보를 하는 동안에도, 이 작은 소동을 응원하려 모인 수십, 수백 명의 업계 사람들의 호의와 환대를 받으며 마음 한구석이 일렁거렸다.

업계를 사랑하고 우리 존재의 쓸모를 믿는 한 무리의 사람을 두 눈으로 보는 동안, 손가락 한 번이면 원하는 건 다 얻을 수 있는 시대에도 여전히 접촉을 통한 연결의 힘이 강하다는 사실도 확인할 수 있었다. 다행히 사무실은 지금도 출판 생태계 구성원을 위한 지원을 하는 공간으로 운영되고 있다.

글을 쓰는 사람이라면 세상에 홀로 맞서는 단독자일 수밖에 없다는 신화적인 믿음에 동의한다. 하지만 죽을 때 비석에 새길 만한 훌륭한 작품 하나도 결국 내 작품을 받아줄 업계가 존재할 때만 의미가 생긴다. 모두가 답이 없다고 고개를 젓는 시장에서도 이달 내에 완성할 이야기, 내년에 만들 책에 몰입하며 미래를 그리는 사람들이 있다.

미래가 없다는 사양산업에서 묵묵히 내일을 그리는 사람들이 지어내고 만들어낸 이야기에 감응하는 동안 잠시 다른 미래를 꿈꾸게 되었다는 독자의 감상이 이어지는 한, 그런 사람들은 계속 자리를 뜨지 않고 오늘도 제 할 일을 찾아 나선다.

{ 3 }

I도 E도 결국은 자립생활

어쩌지, 이러다가 독거하겠네

어라? 나 이러다가 독거하는 거 아냐?

어느 날 문득 이런 생각이 들었다. 이대로 살다 보면 '독거'는 불가피하다고. 뭐 어쩌겠어. 오히려 좋아! 이렇게 명랑하고 산뜻하게 "나는 비혼주의자" 나아가 혹은 "연애도 안 할래"라고 자기인식을 끝마칠 수 있었다면 고민거리도 아닐 것이다. 세상에 당당하게 비연애, 비혼이라는 내 정체성을 쩌렁쩌렁… 까지는 아니어도 숨기지 않고, 혼자서도 잘 살기 위한 방법을 고민하며 비혼 선배님들 책을 찾아 읽는 것만으로도 불안이 싹 가셨을 것이다. 인간이란 나랑 비슷한 사람만 발견해도 일단 마음이 놓이는 법이니까.

나로 말할 것 같으면 연애, 결혼, 출산에 관심이 없는 사람이다. 여기에서 중요한 건 '관심'이라는 모호한 단어. "그래서 당신은 비혼입니까?"라고 누가 묻는다면 양심에 손을 얹고 '결혼을 하지 않겠다고 선택'했다는 말은 하지 못하겠다.

연애도 마찬가지. 지금 내 상태는 자기자신에 대한 탐구 끝에 대답을 정리한 '종료' 상태가 아니다. 그저 생긴 대로 줄곧 혼자 놀다 보니 여태까지 그래왔고 앞으로도 계속 혼자 놀 수밖에 없을 거 같다는 예정된 미래 앞에서 지금이라도 방향을 틀어볼 수 있다면 있는 힘껏 방향을 바꿔야 하나 심란해하는 한낱 유약하고 귀 얇은 인간일 뿐이다.

혼자인 미래가 정말 걱정이 된다면, 데이팅 앱을 돌리며 연애부터 해보려고 노력을 해야겠지. 그러나 익숙한 소수의 사람들에게 둘러싸여 있을 때 편안함을 느끼는 성향, 외출할 때마다 HP(체력)가 마이너스까지 뚝뚝 떨어지는, 타고난 에너지가 극도로 낮은 내향인에게는 평범한 사람끼리 만나 보통의 연애를 하는 일이 곡예처럼 대단하게 느껴진다.

친해지고 싶은 친구가 있어도 종업식 때까지 말 한번 걸어보지 못했던 학생, 방구석에서 혼자 놀 때 가장 즐거웠던 아이는 자라나, 낯선 사람들과의 수많은 상호작용 끝에 새로운 관계로 진입하는 데 큰 즐거움을 발견하지 못한 사람으로 자라났다.

가끔 알고리즘이 〈솔로지옥〉〈환승연애〉〈하트시그널〉 같은 연애 프로그램의 쇼츠를 보여줄 때마다, 그리고 그에 대한 사람들의 열렬한 관심을 확인할 때마다, 아무런 의심 없이 탕수육 소스를 고기 위에 붓다가 일행에게 뭐 하는 짓이냐고 면박을 당한 것처럼 정신이 번쩍 든다. 아, 맞다. 세상 사람들은 연애에 굉장히 관심이 많았지?

결혼한 혈육이 말하기를 인기 많은 예식장은 1년 전에도 예약하기가 힘들단다. 동생이 결혼한 달에는 유독 결혼식이 많아 교복 같은 행사용 원피스 한 벌을 간만에 옷장에서 자주 꺼내 입었다. 최근에는 출산한 친구와 동료들에게 꼬물꼬물 작디작은 아기 사진을 받고 좋은 이모가 되어주겠다고 말하는 횟수도 부쩍 늘었다. 가까운 친구들은 하나둘 결혼을 해서 대부분 기혼이고, 자주 볼 수 없는 거리에 사는 랜선 조카들만 몇 명인지 모르겠다.

결혼과 출산을 통해 가족 공동체를 만드느라 바쁜 친구와 지인들 틈에서 '이대로 괜찮을까?'라는 생각이 이따금 들지만 그건 그때뿐, 그러니까 누구라도 만나서 결혼해야 겠다는 결론까지 이어지진 않는다.

타인과 함께한 시간만큼 혼자 상념에 잠기는 시간이 있어야 비로소 기운을 차릴 수 있다 보니, 일상을 공유하는 가족 공동체가 생긴다는 생각을 하면 걱정이 이만저만이 아니다. 가족이랑 있으면 그저 편안하고 즐거운 사람도 있겠지만 솔직히 나에겐 피를 나눈 가족도 '타인'일 수밖에 없어서, 애정과 별개로 만남 후엔 반드시 동굴로 들어가 홀로 회복해야 하는 건 마찬가지다.

비연애, 비섹스, 비혼, 비출산. 이른바 '4B 운동'은 결혼과 출산은 물론, 연애와 섹스도 하지 않겠다고 선택한 상태를 의미한다. 페미니즘을 알게 된 뒤 절실한 필요에 의해 이 운동을 삶의 양식으로 택했다는 20대 페미니스트들의 선택과 별개로, 어쩌면 나는 대체 페미니즘이 무엇인지도 모르던 시절부터 시나브로 인생의 뱃머리가 슬금슬금 4B로 향하고 있었던 게 아닌가 싶다. 혼자 살게 될 줄은 몰랐는데, 무리하지 않아도 되는 방식으로 살다 보니 어느덧 독거를 받아들여야 하는 게 아닌가 고민하고 있는 것이다.

공중파 방송에서는 '결혼하지 않는 사람' '아이를 낳지 않는 요즘 사람들'을 졸졸 따라다니며 묻는다. "왜 그러세요?" "이유가 뭐예요?" 그들 삶에 카메라를 들이대고 다큐멘터리로 제작한 영상들은 꼭 그런 질문에 대한 해명처럼 느껴진다. 〈결혼은 사양할게요〉〈인구절벽, 우리가 아이를 낳지 않는 이유〉 같은 시사 프로그램의 영상을 찾아봐도 역시 아리송하다.

귀찮음? 여유 없음? 그런 이유도 어느 정도는 맞지만 호기심이 가는 사람이 보이면 극복 가능하다. 당장 마감을 앞두고도, 함께 있는 시간이 즐거운 친구에게 연락이 오면 뛰쳐나가는 걸 보면 일을 좋아해서 연애 안 한다는 말은 차마 못 하겠다. 그럼 돈 때문에? 역시 경제적 자유 같은 건 애초에 꿈도 꿔본 적이 없을 정도로 돈엔 별 관심이 없기 때문에 역시 심각하게 생각해보지 않은 문제다.

어쩌면 바로 그게 문제겠지. 그때그때 순간의 생활에 집중하는 성향이라 장기적인 미래를 설계하는 쪽으로는 도무지 재능이 없다. 오늘 할 일, 오늘 먹을 것, 다음 주에 만날 친구만 있어도 일단 만족하는 인간에겐 '나중에 어떡할 건

데?'라는 말만큼 공허한 질문도 없다. 나중을 왜 지금 묻는 거예요?

〈알쓸인잡〉에서 BTS 멤버이자 94년생 대한민국 남성인 RM이 "내가 어쩌면 결혼을 안 할 수도 있지 않을까"라는 발언을 해도, 공영방송 KBS에서 '연애하지 않는 사람들'을 조명하는 〈연애 산업 전성 시대 vs. 연애하지 않는 사회〉 프로그램을 기획 제작하는 시대에도, 내 주변에서는 오늘도 결혼 소식이 들려오고 해마다 랜선 조카도 늘어나고 있다.

이 간극에 문득 아찔하게 고독해지거나 어리둥절한 날엔 잠시 미간을 찌푸리며 심각해지지만 다시 밥때가 오고, 급한 일이 생기고, 약속이 생기면 이 고민도 금세 잊히고 만다. 그러다 혼자 산책을 나가고, 다시 돌아와 혼자 있는 식탁에서 책을 읽다가 햇빛 넉넉히 들어오는 창밖을 바라보면 저절로 이런 생각이 든다. 아, 대낮에 혼자인 건 아무래도 좋은 일이야.

고백받고 차이는 쪽이죠? 네, 완전

20대에는 쉬지 않고 연애를 했다. 여기까지 읽고 혹시 화가 난 분이 계시다면 잠깐만 기다려주시길 바란다. 자랑이 아니다. 누가 사귀자고 하면 사귀고, 헤어지자고 하면 헤어지는 수동적인 태도로 일관하면 누구라도 어느 새 숱한 연애 경험이 쌓일 것이다. 다만 영양가 없고 싱거운 경험과 함께, 가끔은 매운 맛으로 눈물 쏙 빠질 수 있다는 점은 주의할 것.

 망할 수밖에 없다는 첫 연애는 논외로 치고, 연애를 할 때면 제법 긴 기간을 만나곤 했는데, 몇 번의 연애를 반복하며 발견한 패턴이 있다. 익숙한 관계에 편안함을 느끼는 성향과 활동 범위가 좁은 폐쇄적인 성향이 시너지를 일으켜 일단 연애를 시작하면 무조건 '애인=친구'인 상태가 되어버렸다. 그렇지 않아도 손바닥만큼 좁디좁은 인간관계가 연애를 시작함과 동시에 단 한 사람을 중심에 두고 그 주위를 위성처럼 뱅글뱅글 도는 형태가 되었으니, 관계가 어그러지면 우주가 무너진 것처럼 괴로웠다.

그렇다고 해서 오매불망 연인만 바라보며 인생의 모든 과제를 미뤄두고 사랑에 모든 자원(마음과 시간, 노동력, 돈까지)을 쏟아붓는 불같은 사랑을 해보았냐고 묻는다면 그렇다고 할 수는 없다.

연애만 하면 불나방처럼 달려드는 '사랑꾼 재질'인 친구들이 있다. 눈이 하트로 변하면 앞뒤 재지 않고 달려드는 용감한 사랑꾼들. 감정에 솔직하고, 금세 설렘을 느끼고, 때론 이성의 끈을 놓기도 해서 등짝이라도 한 대 세게 때려서 정신 차리라고 말해주고 싶기도 했던 나의 '연애인'들. 야, 애인이 뭐라고 그렇게까지 하냐, 싫은 소리 퍼붓고 싶다가도 한숨 한번 쉬고 늦은 밤 달려나가게 만들었던 사랑의 천재들.

새벽녘까지 절절한 연시에 가까운 사랑의 언어들을 듣고

또 듣다 보면 그런 생각이 드는 거다. 나는 누군가에게 이렇게까지 진심일 수 있는 사람인가? 새 사랑을 찾아 떠나 보기도 하고, 열렬한 연애에 빠져 허우적거리기도 하는 등 한마디로 연애하지 않는 상태를 상상하지 못하는 '연애바라기 친구'에 비해 내 연애는 말린 북어나 건조 다시마처럼 무미건조했다.

연애를 하긴 하는데 이상하게 '떠밀려' 하는 느낌이 없지 않았다. 상대와 감정에 대한 확신의 문제가 아니었다. 그저 연애가 내 몸에 맞지 않는 것 같았다.

밀면 하염없이 밀리고, 당기면 그대로 질질 끌려가는 수동적인 태도가 몸에 밴 사람이라고 해도 감정의 확신 없이 연인 관계가 지속될 수는 없다. 게다가 외출보다 실내 생활을 사랑하는 집순이 내향인이 만남을 위해 주기적으로 시간을 내어 바깥으로 나가고, 다음엔 뭐 할까 고민한다? 그게 사랑이 아니면 뭐가 사랑이야.

연애에는 '사랑한다, 안 한다'라는 납작한 언어로는 설명할 수 없는 역학관계가 존재한다. 서로를 있는 그대로, 자기 자신으로 존재할 수 없게끔 구속하는 '룰'이 있다는 사실을 깨닫는 순간, 거북함을 느꼈다. 언제나 연애하는 사이에는 마땅히 서로 수행해야 할 역할이 존재하며, 이를 제대로 수행하고 있는지 아닌지가 지금 이 순간, 우리 두 사람이 서로에 대해 느끼는 진실한 감정보다 앞서는 것 같았다.

때로는 서로에게 남자친구 역할, 여자친구 역할을 수행하던 행위가 관성처럼 굳어버려 관계를 끝내지 못하고 있는 건 아닌지 의심스러운 순간도 찾아온다. 연애가 '롤 플레이'처럼 느껴지는 순간 위화감이 느껴졌고, 무엇을 위해 관계를 유지하고 있는 것인지 혼란스러웠다.

그럼 헤어지면 되잖아. 누가 연애하래? 맞다, 누구도 강요하지 않았다. 호감을 표시하는 사람을 밀어내지 않고 만나서 밥 먹고 차 마시고 영화도 보다가 사귀는 사이가 된 건 바로 나다. 관계에 문제가 있는 것 같으면 얘기를 해서 풀어도 되고 헤어져도 된다.

그런데 이토록 상식적이고 합리적인 해결책이 '연애 문제'가 되면 복잡해진다. 이상한 일이다. 문제를 언급하는 그 순간, 관계에 '유효기간이 끝났습니다'라는 선언을 먼저 해버리는 꼴이 된다.

그럼 우리 이제 헤어지는 거냐, 아니다 헤어지자는 게 아니라 우리의 연애 방식에 불편한 지점이 있다는 거다, 내가 불편하다고?(누가 봐도 상처 입은 얼굴), 아니다 그거 절대 아니다, 내가 잘못했다(?), 맛있는 거나 먹으러 가자, 내가 잘할게. 이렇게 본론으로 들어가지도 못하고 대화가 끝나버린다.

소통 능력이 탁월한 사람이거나 연애 고수라면 이럴 때 상대에게 상처를 주지 않으면서도 관계의 모양을 새롭게 정립하기 위한 좋은 대화 패턴을 쌓아두고 있는지도 모르겠다. 내가 선택한 방법은 대개 문제를 회피하는 것이었다. 아르바이트 늘리기, 외국어 배우기나 운동 같은 자기계발, 직장생활 할 때는 고생길이 훤한 프로젝트에 자원해서 매일 야근하기 등.

연애 문제를 잊기 위해 나의 문제를 만들어 도피했다. 연애를 꾸준히 하면 뭐해. 안타깝게도, 말로 좋게좋게 관계 문제를 해결하는 방법을 연애 속에서 배우는 데는 실패했다.

고백받고 차이는 쪽이죠? 네, 완전.

내 연애사를 한 줄로 요약하자면 이 정도로 정리할 수 있다. 고백받고 차이는 패턴의 반복. 내 문제로 바쁘게 지내다가 상대방도 바빠지는 바람에 서로 과로와 스트레스에 시달리는 사회인 동지가 되어 기쁨과 슬픔을 나누며 오래 만났던 연인도 있지만, 상당수는 이별을 선언했다.

관계를 회피하는 동안 외로움을 느끼며 메말라 갔을 몇몇 구 애인에게는 여전히 안타까운 마음뿐이다. 조금은 덜 비겁한 방식으로 관계에 변화를 주었더라면 좋았을 텐데.

밀고 당기기. 연애 관계에 작동하는 힘의 원리를 쉽게 설명하는 말이다. 밀면 밀리고, 당기면 그대로 끌려가는 나 같은 인간은 그만큼 관계에 '무게'를 싣는 방법을 모른다.

꼭 연애가 아닌 가족, 친구, 지인, 심지어 일로 만난 사이까지 확장해봐도 그렇다. 미는 사람에겐 확실하게 거리를 벌려 선을 지키고, 누군가 선 안으로 끌어당길 때까지 인내심 있게 기다린다. 아무리 기다려도 당겨주지 않으면 그 관계는 그대로 종료, 더 이어지지 않았다.

밀고 당기는 역할을 내가 아닌 타인에게 의존한다는 건 관계를 정립하는 일을 떠안지 않겠다는 것이다. 언제든 휘둘릴 수 있는 사람이란 관계에 유연하게 대처하는 물 같은 인간이기도 하지만, 곧 관계를 맺고 끊는 칼자루를 결코 자신이 쥐지 않는 사람이기도 하다.

마음에 무게를 실을 수 있는 사람, 관계에 더욱 진지한 쪽으로 추는 기운다. 그런 사람이 관계를 맺고 끊는 칼자루까지 쥐게 되는 것이다.

나는 늘 칼자루 쥐는 역할을 두려워했다. 혹시나 관계가 어그러져서 잘못되더라도 타격을 덜 받기 위해 힘을 주거나 무게를 싣지 않으려고 필사의 노력을 다했다. '아무래도 좋은 사람'은 그 누구에게도 최선을 다하지 못하는 사람이란 한계를 끌어안은 채, 연애는 내 적성이 아닌 것 같다고 말하는 사람이 되어버렸다.

외로움은 대비할 수 있는가

인간관계는 점점 좁아지고 연락 오는 사람은 없다. 매일 만나던 사람들만 비슷한 곳에서 만나고, 그마저도 점차 만나는 횟수가 줄어든다. 이런 상태는 아무래도⋯ 좋지 않겠지? 누구한테 물어보는 건지. 물어볼 사람이 없어서 노트북을 켜고 글을 쓰면서 나에게 물어본다.

너, 아무래도 지금 외로운 거 같은데? 일단 SNS는 보지 마. 연락처 목록 보면서 예전에 친했던 사람들 번호 쪽으로는 손대지도 마. 내 안에 깨어 있는 이성 세포가 감성 세포를 야박하게 뜯어 말린다.

순간적인 외로움 때문에 누군가에게 연락하거나 '내 상태를 알아달라'며 호소하는 글을 SNS에 올려서 좋았던 기억이 없기 때문에, 이성 세포가 '그게 뭐든 외로울 땐 하지 말라'고 작동하는 것도 무리는 아니다.

언젠가 친구가 도무지 이해할 수 없는 행동을 하는 사람에게 순간적으로 화가 날 때 "다 외로워서 그래"를 주문처럼 외면 솟아오른 불기둥이 잦아든다고 말해준 적이 있다.

그 후로 화를 다스려야 할 때마다 김목인의 노래 〈그게 다 외로워서래〉를 염불처럼 떠올린다. "그게 다 외로워서 그래"를 흥얼대다 보면 화가 싹 없어지지…는 않고, 비록 오늘 뺨 한 대 맞은 것 같은 기분이 들게 한 사람이라도 말 못할 사정은 있었을 거라 짐작하고 따끔따끔한 침 한번 꿀꺽 삼키고 넘긴다. 좋게 말하면 '좋은 게 좋은 거'라며 넘기는 기술이 생긴 거고, 나쁘게 말하면 나와 맞지 않은 사람에 대한 감정선은 싹둑 잘라버리는 것이다.

그래도 지금이 예전보다는 나은 거 같다. 조용히 거리를 벌리고 멀어지는 방법을 알지 못해서, 나와 상대 모두에게 상처인 관계를 억지로 이어갔던 시절에 비하면.

문제적 관계를 돌이켜보면 그 중심에는 외로움이 있었다. 한때 '나 외롭다'는 티를 내다 못해 지혈되지 않는 상처에서 솟아나오는 피처럼 외로움을 철철 흘리고 다니는 사람에게 유독 약했다. 누울 자리를 보고 다리를 뻗는다는 말이 있듯, 그런 사람들은 자기를 받아줄 만한 나 같은 사람을 잘 알아보았다. 나 역시 외롭고 불안한 영혼을 안아주는 따뜻한 사람이 될 수 있으리라 믿었지만, 만만치 않게 불안했던 20대의 나는 결코 그런 사람이 될 수 없었다. 그들이 외롭다며 시름시름 앓는 소리를 할 때마다 창에 찔린 것처럼 내 가슴에 구멍이 났다.

"네가 충분한 관심과 사랑, 다정함을 나눠주지 않기 때문에 속상하고 섭섭해"라며 자신의 외로움이 '내 탓'이라고 화살을 돌리는 사람을 만날 때마다 죄책감이 들었다. 당연한 말이었다. 원인이 나한테 있다고 대놓고 말하는데 어떻게 아프지 않겠는가.

'섭섭하다' '속상하다' '슬프다'는 말을 방패처럼 두르고 돌진하는 이들에게 화를 낼 수도 없었다. 아프고 속상하고 섭섭하다는데 뭘 어쩌겠는가. 힘들어 죽겠다고 하면서 피처럼 외로움을 철철 흘리는 인간에게 "너만 힘든 거 아니니까 그만 좀 외로워하라"고 말할 수도 없었다. 상대가 힘들다고 하면 그 말을 곧이곧대로 믿은 채, 만나자고 하면 만나고 놀자고 하면 내 시간을 무리해서라도 쥐어 짜내서 놀았다. 심지어 갖고 싶다고 하는 게 있으면 기억해두었다가 사주기도 했다. 아, 그 시절의 나 정말 미련했구나.

힘들다는 감정어를 방패처럼 두르고 '자기 몫'을 나눠달라고 요구하는 사람들에게 휘둘린 기억이 문신처럼 남아서인지, 지금도 유독 외로워하는 사람들을 무서워한다. 관심과 사랑을 갈구하는 사람을 볼 때마다 무서워서 스치듯 안녕 하고 피한다. 외로움이 드리운 검은 그림자에 삼켜질 거 같고, 당신의 외로움이 내 책임이 아닌데 왜 니한테 그러십니까, 라는 억울한 마음부터 앞선다.

요즘엔 온라인에 자신의 외로움을 전시할 수 있는 공간이 많아도 너무 많아서 의도치 않게 누군가의 깊은 외로움과 처량함을 목격하는 순간이 잦다. 그리고 어김없이, 별 생각 없던 누군가의 외로움을 엿보게 된 날이면 겁을 먹어버린다. 휴, 아무래도 친하게 지내진 못하겠군. 나쁘게도 편견이 먼저 생긴다.

이렇게까지 외로움의 그림자가 보일 때마다 벌벌 떠는

건, 나 역시 외로움에 집어 삼켜질 수 있다는 생각 때문이다. 외로움이 내 약한 부분을 건드리고 나를 무너뜨릴 수도 있는 '병'이라는 걸, 어린 날부터 본능적으로 짐작했던 것 같다. 외로움은 예방 주사도 없는 질병인데 그걸 언제까지 내 안의 이성에 간신히 의지해 다스릴 수 있을지도 의문이다.

앞으로도 계속 1인 가구로 살아갈 예정이라고 말하면, 사람들은 가장 먼저 외로움을 걱정한다. 지금은 젊으니까 괜찮을지 몰라도, 나중에 나이 들면 외로워진다고 말이다.

그런데 늦은 밤 SNS만 훑어봐도 외로움에 빠진 영혼들의 고통스러운 신음이 넘쳐 흐르는 걸로 봐서는 외로움은 나이의 문제가 아니다. 젊어서도, 늙어서도, 나이가 몇 살이든 간에 외로움과 싸우는 일은 누구에게나 만만치 않은 것 같다.

오히려 외로움 때문에 다른 사람이 필요하다는 접근 방식은 그 사람과의 관계를 건강하지 못하게 만들 수도 있다. 상대방이 나를 채워주지 못해서, 나에게 잘 못해서, 내가 이렇게 힘들다는 피해의식으로 곁에 있는 사람까지 달아나게 만들 수 있기 때문이다.

숨 쉴 때마다 자신의 처지에 관한 불평과 불만, 투정을 발산하는 사람 옆에서 그 감정적 호소를 다 받아들일 수 있는 사람은 없다. 있다면 아마 머릿속으로는 딴생각 중일 것이다.

차라리 혼자 있을 때는 물론, 사람들 속에 있더라도 우리는 외로울 수밖에 없다는 걸 인정하고 고립감이라는 웅덩이에 빠질 때마다 그 안에서 헤쳐 나오기 위한 효과적인 감정 처리법을 찾는 편이 실용적이다.

글쓰기 외주 일을 하며 다양한 사람을 심층 면담할 기회가 늘어났다. 특히 노인 공유주택에 사는 분들과 내화를 나누고 생애사를 정리하는 일이 기억에 남는다.

집단에 대한 신뢰 수준이 높고, 평소 밥을 같이 먹거나 산책을 하는 등 일상을 공유하는 친밀한 사람들이 많으면 많을수록 전반적인 주거 만족도가 눈에 띄게 높았다.

주거 만족도에는 정서적인 안정감은 물론, 외로움에 대한 생각도 포함된다. 한마디로 집 가까운 곳에 시간을 함께 보낼 수 있는 친한 사람이 있다면, 혼자 살아도 외로움 때문에 힘들지는 않은 것이다. '마음 맞는 이웃이 단 한 명도 없다'고 답한 거주자는 공유주택 입주 전에 살던 동네까지 버스를 타고 가서 그 동네 사람들을 자주 만난다고 했다.

"가끔 걱정되지 않아요? 지금도 만나는 사람만 만나는데, 나이 들면 관계가 더 좁아질 테니까…."

친구가 점점 줄어들고 인간관계가 좁아지는 것에 대해 지인들과 대화하던 날, "그러니까 우리끼리라도 모여 살아야겠네요"라고 대꾸했다. 모여 산다고 해서 외로움이 해결될 거라고 기대할 수는 없다. 모여 살기 위해 서로의 상황(자금 상황, 일터의 위치 등 거주지 선정 시 가장 중요한 문제)을 가늠하고 합의점을 찾아 적당한 동네를 선정한다는 것도 보통 어려운 일이 아니다. 사람들은 이렇듯 남과 남이 만나 합의점을 찾아가기가 어려워서 가족이 될 한 명을 택해 부부라는 소규모 공동체를 꾸리는 것인지도 모르겠다.

다행히 서로 고려하는 거주 요건이 비슷한 친구들이 있어 필요할 때 작업실을 함께 구해 쓰기도 했고, 지금은 하우스메이트와 함께 거주하고 있다. 공간이 필요한 사람들과 공유하는 방식이 잘 맞아 삶의 만족도가 올라갔지만, 언제든 흩어질 수도 있는 '임시 상태'라는 건 염두에 두고 있다.

결국 내가 기대고 싶은 건 친구 누구, 사람 누구라는 개개인이 아니라 '언제 어떤 동네에 살아도 마음 맞는 사람 한 명쯤은 찾을 수 있다'는 공동체에 대한 믿음인 것 같다.

우리나라에서 2021년부터 고독사예방법을 제정했다고 하던데 '그게 다 외로워서 그렇다'는 문제의식이 진지하게 다뤄지고 있는 흐름 속에서 나이를 먹어간다는 건 그나마 작은 위안이 된다.

의존하는 법을 배워야 자립할 수 있다

혼자 살기의 결말은 '독거 노인'이다. 이 문장을 적고 나서 한참 동안 다음으로 나아갈 수 없었다. 독거 노인이라는 네 글자가 사방에서 어둡고 높은 벽처럼 나의 미래를 에워싼 것 같아서. 그 벽에는 '고독사' '노인 빈곤'과 같은 음울한 단어가 붙어 있다. OECD 국가 중 가장 높은 수준의 노인 빈곤율, 노인 자살률이 압도적인 1위를 기록하고 있는 나라에서 살아가고 있으니 독거 노인이라는 말 앞에서 벌벌 떨게 되는 게 나만의 엄살은 아닐 것이다.

"취업 준비, 결혼 준비, 육아, 교육, 승진, 은퇴, 노후 준비를 거쳐 어디 병원 그럴듯한 1인실에서 사망하기 위한 준비에 산만해지지 않기를 바랍니다."

2022년 서울대학교 학위수여식에서 수학자 허준이 교수가 했다는 연설을 기사로 읽으며 뜨끔했다. 나 역시 '그럴듯한 1인실에서 사망하기'가 노후에 초라하고 비참해지지 않을 수 있는 유일한 방법이라고 생각하며 살아왔기 때문이다. 그러나 중요한 사실 하나를 간과하고 있었다.

병원에 들어가기 전에도 살 곳은 필요하다. 병원 입원을 비롯, 호스피스 병동이나 요양원처럼 돌봄 인력이 상주하고 있는 시설에 들어가지 않아도 혼자서 생활을 영위할 수 있는 노인들, 그들에게도 집은 필요하다. 어디 그럴듯한 병원 1인실에서 죽는 것보다 더 시급한 문제는 바로 그것이다.

노화 때문에 크고 작은 질병, 수술을 겪어 신체 건강과 인지 능력에 변화가 생긴 상태지만, 때에 따라 크고 작은 도움만 받을 수 있다면 병동에서 환자복을 입지 않아도 되는 노인들이 마땅히 살 곳이 없다는 것이다.

자식에게 기댈 수 없는 노인에게 남은 선택지는 무엇일까? 1인 가구 여성 청년일 때와 달리 '여성 독거 노인'일 때는 안전한 주거 환경을 자력으로 마련하는 일이 어려울 것 같다. 경제적 여유가 필요하다는 것도 문제지만, 필요할 때

도움받을 수 있는 사람들을 옆에 둔, 사회적 자본이 풍부한 노인으로 늙어갈 자신이 없다.

사적인 관계망이 취약한 사람도 안전한 공동체 안으로 들어갈 수 있는 곳, 비슷한 목적을 지닌 사람들이 모여 공동체를 형성할 수 있는 기반이 갖추어진 곳이라면?

우연한 계기로 만 65세 이상 고령자들이 모여 사는 공동체 주택 여러 곳을 오가며 인터뷰하는 일을 했다. 내 역할은 할머니, 할아버지들과 수차례 대화를 나누며 듣는 것. 어떻게 살아왔고, 마침내 이곳으로 이사 오게 된 후엔 어떻게 지내고 있는지, 씨줄과 날줄을 엮어 공동체 주택에 모인 노인들의 이야기를 완성했다.

할머니, 할아버지들을 만나고 집에 돌아오는 길이면 나는 '역시 노인을 위한 나라는 없어'라고 단정 짓는 비관론자가 되었다가, 그다음 주엔 다시 '사람은 꽃보다 아름다워'를 흥얼대고 싶은 벅찬 감정을 느끼기도 했다.

지킬 앤 하이드도 아닌데 비관과 낙관, 긍정과 부정이라는 양극단을 오가며 공동체 주택에서 사는 미래의 내 모습을 상상하다 지우기를 반복했다. 그만큼 공동체 형성을 전제 조건으로 하는 주택에서 거주하는 삶이란 어렵고도 복잡했다. 하나를 얻는 대신 하나를 버린다는 식의 등가교환으로 설명할 수 없는 문제가 많았다.

어떤 문제가 있었냐고? 바로 어제 반상회에서 만나 목소리를 높여가며 과격하게 싸운 사람이 내 아랫집에 산다면? 이사를 하지 않는 한 그놈의 '공동체 일'을 의논하고 추진하기 위해 반드시 그 사람의 얼굴을 주기적으로 봐야만 한다면?

34살이든 74살이든 싫은 건 싫은 거고 미운 건 미운 거다. 언제든 기댈 수 있는 사람이 옆방에 산다는 선 분명히 아름다운 일이다. 그러나 오늘 나를 일으키고 부축해준 사람이 내일이면 원수가 될 수도 있다. 처음엔 쿵짝이 잘 맞아 친하게 지냈는데 어느 순간 틀어지는 관계. 무언가 '쎄한' 느낌 때문에 서서히 거리를 두다가 왕래가 없어지고 오해만 쌓여버린 사이. 하이틴 드라마 속 얘기가 아니다. 모두 내가 만난 노인들이 겪었던 일이다.

금전 문제나 종교 갈등 같은 어른의 사정은 일단 제하고, 소통 방식에 따른 오해와 성격 차이 같은 표면적으로는 드러나지 않지만 공동체 탈퇴를 부추기는 엇나간 관계의 화살이 어지럽게 엉켜 있었다. 사람이 모여 집단 생활을 하면 역시 인류애를 상실하는 법인가. 다시 어두운 장막에 휩싸인 기분이었다.

그런데도 왜 같이 사세요? 궁금했다. 억지로 유지하는 관계에 가끔은 환멸을 느끼면서도 떠나지 않는 이유. 개중엔 더 나은 조건의 주거지가 없어서 나가지 못하는 거라는 건조한 답변도 있었지만 대부분은 그래도 죽을 때까지 여기 살겠다는 쪽이었다.

"우리도 처음이잖아. 따로 살다가 이제 막 합쳐졌는데 어떻게 다 맞아? 안 그래? 여기 와서 이제 배우는 거지."

배우고 있다는 말, 시간이 지나면 적응할 거라는 말, 나아질 거라고 기대한다는 답변이 많았다. 그리고 한 가지 더. 골치 아프게 만드는 사람도 있지만 사람 때문에 부아가 끓어 화를 낸 기억보다 사람 덕분에 웃고 떠든 순간, 도움받아 고마워한 기억이 더 오래가는 것 같았다.

비록 내 아래층엔 생각만으로도 피곤한 악당이 산다 할지라도, 오늘 옆방 사는 친구한테 놀러갈 수 있다면 내일도 모레도 같은 방에서 눈 뜨는 게 두렵지 않다. 즉 나와 맞지 않는 사람 한 명이 유발하는 스트레스보다 믿고 의지할 수 있는 사람 한 명 덕분에 느끼는 안정감이 더 크다는 것이었다.

70대, 80대 노인들도 입을 모아 "관계는 어렵다"고 말한다. 어렵기 때문에 배우는 중이라고. 어릴 때부터 우리는 자기의 일은 알아서 해야 한다고 배운다. 뭐든 알아서 척척척 해내는, 진정한 홀로서기를 향해 달려간다.

그런데 정작 노인이 되면 '의존하는 방법'을 찾아야 한다. 청력이 좋지 않아 안내 방송이 잘 들리지 않는 할아버지는 옆방으로 가서 문을 두드린다. 보조 기구 없이 한 발자국도 움직일 수 없는 할머니는 앞집 할머니가 부축해서 하루 한 번, 함께 건물 옥상으로 산책을 나간다. 생활 필수 정보를 습득하는 것부터 일상의 거동까지 누군가의 도움 없이 단 한걸음도 나아갈 수 없는 그곳에서는, 홀로 서기 위한 준비에만 매달려 남에게 의존하는 법을 배워본 적 없던 내가 바로 인생 초보자였다.

이토록 매력적인 핵인싸 할머니

노인 공동체 주택 이야기를 이어가 본다. '인간은 역시 어쩔 수 없이 골치 아픈 존재인가'라는 축축한 비관에 빠져 허우적대기만 했던 건 아니다. 꽃보다 아름답다는 표현이 딱 맞는, 인간미 넘치는 할머니와 대화를 하는 내내 뒤로 넘어갈 것처럼 웃었다. 유머 감각과 다정함, 사람 마음을 편안하게 만드는 친근함. 약속한 인터뷰 시간이 훌쩍 넘어간 줄도 모르고 할머니와 수다를 떨었다.

매력 앞에서 나이 차이 같은 건 아무런 의미가 없다. 지금 사는 모습에 만족하고, 지난 인생을 후회하지 않으며, 이웃과 교류도 많은 할머니는 인터뷰 도중에도 이웃에게 몇 번이나 전화가 올 정도로 인기가 많은 '핵인싸 할머니'였다.

손이 커서 반찬을 할 때마다 앞집, 옆집 것까지 챙겨주는 넉넉한 인심도 있었다. 거동이 불편한 친구 수발도 들어줘, 옆에서 재미있는 이야기도 들려줘, 인기 없는 게 더 이상하겠네. 할머니, 대체 비법이 뭐예요? 묻고 싶었다. 아마도 이런 말이 돌아오겠지. '타고난 매력이지, 비법이 어디 있어.'

사람을 끌어당겨 모으고 원만한 관계를 유지하는 힘은 사교적인 성격에서 나온다. 성격이 곧 팔자라고 했던가. 동의한다. 상황이 바뀌면 어떻게든 적응하기 위해 노력하지만 잠시 적응한 것처럼 보일 뿐, 결국 억지로 힘을 주어 끌어당긴 고무줄처럼 원래대로 돌아가고 만다. 자기자신이 가장 편안한 상태로.

나에겐 관계를 지속해나가는 일이 그렇다. 차라리 처음 보는 사람들 속에 던져져 와글와글 떠들다가 대화가 조금 잘 통한다 싶은 사람 한두 명을 발견하는 일이 쉽지, 어젯밤 모임에서 만난 말이 잘 통했던 사람에게 따로 연락해서 "친구 하자"고 말하는 상황은 손에 땀이 날 정도로 껄끄럽다.

직장생활을 할 때 여러 명의 사람들과 손발을 맞춰 팀으로 일해야 하는 상황이 많아 단련이 되어서인지, 일이나 특정 주제, 관심사를 기반으로 한 모임처럼 공통된 과업을 달성하고 나면 끝나는 관계에서는 내향인임에도 의외로 적극적인 태도를 보이는 편이다.

비록 집에 돌아가 쓰러지듯 침대에 누워 다음 날까지 해롱대며 후회하는 한이 있어도, 과업이 달성되는 순간 끝이 나는 임시적인 관계인 만큼 한시적으로 있는 힘껏 상대에게 집중하는 게 예의라고 생각해서다.

데드라인이 있어야만 일을 마무리할 수 있다는, 의욕 없는 직업인과 다를 바가 없다. 일터와 모임, 행사장에서 내일이 없는 사람처럼 반가움과 다정함, 말과 표정을 쥐어짜내고선 '하얗게 불태웠고, 다시는 보지 말자'라고 생각하며 돌아서는 것이다.

무리하는 방식으로 계속 지낼 수는 없다. 무리하고 있다는 건 모를 수가 없었다. 낯선 사람들이 떼로 모인 자리만 가면 평소 내 모습이 아닌 다른 자아가 툭 튀어나와 연기를 하고 있는데, 그걸 말리고 단속하는 방법을 모른다는 게 문제였다. 대화를 주도하는 척, 분위기를 주도하는 척, 활발한 척을 해도 그건 내가 아니었다.

나 자신으로 사람들 앞에 서는 법을 배워본 적이 없었다. 관계를 시작하는 힘은 억지로 한번 쥐어짜낼 수 있어도, 관계를 지속하고 유지하기 위해 계속 무리할 수는 없었다. 연락은 뜸해지고 그러다 보면 오랜만에 얼굴 보자, 밥 한번 먹자는 말을 예의상 하게 되고 그대로 조용히 페이드 아웃. 관계가 단절된다.

그래도 외롭지 않다면 괜찮은 거 아닌가? 나는 고독한 상태가 자연스러운 사람이다. 갑자기 직장인에서 프리랜서로 작업 환경이 변하면서 크게 흔들리기도 했지만. 출판 창작자들이 입주할 수 있는 공유 오피스에 들어가 동료들을 만나고, 하우스메이트를 구하고 있던 서귤 작가와 같이 살기 시작하면서 정서적 고립감은 해소할 수 있었다.

계속 글을 내보이고 활동을 하다 보니 점차 작가, 일러스트레이터, 그래픽 디자이너, 편집자, 출판사 대표, 책방 운영자, 영상 크리에이터 등 책을 매개로 일하는 다양한 사람들을 만날 건수도 많아져서 오히려 사람 만나느라 분주하다 싶은 나날이 이어질 때면 아무도 모르는 곳에 틀어박혀 글만 쓰고 싶다는 외톨이 본능이 깨어날 때가 있을 정도였다.

미팅을 하고 새로운 사람을 만나니까 나는 인싸야, 라고 생각한 적은 없지만, 같은 목표를 설정하고 의기투합할 수 있는 관계가 선명해서 결핍을 느끼지는 못했다. 하지만 목적지에 도착하고 난 뒤에도 내 옆에 남아 있을 사람이 있을까? 어쩌면 진작 했어야 할 질문이다. 그간 애써 고민하거나 걱정하지 않았지만.

노인 공동체 주택에서 유쾌한 할머니를 만나 대화를 나누고 돌아오는 날 그런 생각이 들었다. 애초에 목적이 분명한 관계, 즉 일로 만난 사이는 목적지에 도착하고 나면 끝나는 관계다. 하지만 일 때문에 만난 사이라고 해서 진실한 우정을 나누는 관계가 될 수 없는 것도 아니다. 사교를 위한 시간을 따로 빼두지 않는 나 같은 사람에겐, 일 때문에 만났는데 마음이 잘 통해 친구가 된다면 그보다 이상적인 관계도 없을 것 같다.

하지만 노력하지 않는 관계는 치대지 않은 밀가루처럼 점성 없이 가루가 되어 흩어진다. 딱 한 번 용기 내어 손을 내미는 것만으로는 충분하지 않다. 실례를 무릅쓰고 치대는 노력, 폐 끼칠 걸 알면서도 움켜쥐는 뻔뻔한 노력이 필요하다.

노력을 기울여 관계를 쫀쫀하게 만들어두지 않으면 어느 순간 연락하면 어색해지는 사이가 되어 멀어진다. 다시 연락하면 깜짝 놀라며 반길 수도 있겠지만, 이미 일상을 공유할 수 없는 사이가 되어버린 후다. 그런 사람마저 친구라고 부르긴 어려울 것이다. 그건 그냥 '대충 아는 사이'겠지. 대충 알고 지내는 사람들만 많고, 곁을 내어줄 수 있는 이가 거의 없는 나 같은 사람도 나이가 들었을 때 고립되지 않을 수 있을까?

다시 공동체 주택으로 돌아가본다. 그곳도 사람 사는 곳이니, 사람을 끌어당기는 핵인싸가 있으면 사람들 눈이 닿지 않는 길로만 다니는 아웃사이더도 있었다. 모임엔 대부분 참석하지 않고 친하게 지내는 이웃도 없다는 공동체 주택의 은둔자 할머니를 만난 날 물어보았다.

"심심하진 않으세요?"

"글쎄…?"

매일 아침 산의 약수터까지 올라간 다음, 시장 한바퀴를 돌고 공원에 앉아 있다가 드라마 방영 시간에 맞춰 돌아오는 일과를 반복한다는 할머니는 심심할 틈이 없다고 했다. 마치 일평생 '심심하다'는 말뜻을 곱씹어본 적 없는 사람처럼 의아한 표정으로 '왜 그런 걸 생각하며 사느냐'고 묻는 것 같았다.

관계의 밀도를 높여 끈끈하게 만드는 재주가 없는 사람도 다행히 심심해하지 않는 재주 하나만 있다면 잘 살아갈 수 있다고 말해주는 것 같았다. 그것도 중요한 재주임을 알려주는 사람이 있으니 믿어보는 수밖에. 아무래도 침대에 누워 쓸데없는 공상을 하는 내 취미를 더욱 소중하게 여기며 갈고 닦아야겠다.

핫플이 힘든 사람은 어디서 놀지?

여기 인스타 핫플이었어? 괜히 왔네.

북적이는 사람들을 보는 순간, 나가고 싶어졌다. 사람 많은 곳에서는 읽거나 쓰는 행위가 힘들기도 하고, 지꾸만 옆 테이블의 대화 소리가 들려서 일행 없이 혼자 왔는데도 카페를 나갈 때쯤엔 말을 너무 많이 한 날 느끼는 엷은 불쾌감과 피로에 젖는다.

게다가 그 많은 사람이 대부분 뉴진스처럼 입고 앉아 기운 좋게 떠드는 모습을 보다가 미소라도 짓게 되면 불에 데인 것처럼 화들짝 놀란다. 나 지금 흐뭇해하는 거야? '젊음'을 목격하고 동경하는 위치에 있다는 것을 자각하면, 남은 음료를 벌컥벌컥 마시고 이만 빠른 걸음으로 퇴장해줘야 할 것 같다. 그리고 조용히 다짐한다. 다음엔 여기 오지 말아야지.

"사람이 없는 곳으로 데려가줘."

만화 속 대사가 아니다. 어릴 때 엄마와 단둘이 외출했을 때 한 말이다. 백화점 인파 속에서 처음으로 '녹초가 되다'라는 말의 뜻을 이해했다. 지금은 보호자 없이도, 알아서 사람 없는 곳으로 찾아간다.

보통 사람 많고 붐비는 곳은 요즘 유행하는 음식, 힙하게 보이는 인테리어로 꾸며져 있어서 카메라를 꺼내 셔터를 누르게 되는 눈이 즐거운 공간이다. 한마디로 트렌디한 장소.

약속 장소를 정할 때도, 휴가를 계획할 때도 일단 인스타그래머블한 장소는 피한다. 그곳을 편안해하는 다른 손님들과 달리, 묘한 어색함만 느끼며 겉돌다가 소외감만 끌어안고 쫓겨나듯 나온 경험이 쌓였기 때문이다.

어떤 공간은 온 힘을 다해 누군가를 밀어낸다. 그런 경험을 한 날엔 과장을 조금 보태자면 나라는 사람의 존재 자체를 거부당한 것 같아 모멸감마저 느낄 때가 있다.

해가 갈수록 나를 밀어내는 장소는 늘어나고 있다. 이게

다 '나이 들어가기 때문'이라고 결론을 내버린다면 간단하겠지만, 그건 핵심을 피해가는 무책임한 태도라는 생각이다. 어린 친구들 노는 곳에 갔다가 끼지 못했다, 나이가 드니 점차 트렌드에서 밀려나는 것 같다, 라는 한탄으로 매듭짓기엔 명백한 오류가 있다.

나는 이 사회가 정의한 젊은이 그룹, 즉 20대 시절에도 요즘 유행이라고 하는 장소를 찾아다니는 일을 즐기지 않았다. 그때도 '요즘 애들'이 좋아한다는 트렌디한 공간에서 '나는 요즘 애들이 아닌가'라는 의구심만 한가득 품은 채 비싼 커피 값을 아까워하며 어색한 기분으로 앉아 있었다.

이른바 핫하고 힙한 거라면 무조건 경험해봐야 직성이 풀리는 사람들로 가득한 광고대행사에는 나 같은 20대가 드물었다. 일 때문에 유행에 관심 많은 척만 했던 나와는 달리 늘 새로운 것에 호기심을 보이던 30대, 40대 선배들이 많았다. 그러니 어떤 장소에 들어서면 거북해지는 이 기이한 현상이 적어도 출생연도에 따라 주어지는 자연의 섭리 같은 건 아닌 것이다.

이 현상은 차라리 알레르기 반응에 가깝다. 특정한 분위기, 외모, 직업, 소비 습관, 기호, 취향, 패션, 거주지와 취미까지…. 잘 짜인 각본처럼 트렌디한 공간에는 업주와 브랜드가 목표로 한 특정 군중, 즉 타깃으로 삼은 고객 페르소나가 있기 마련이다.

페르소나에 대한 집착이 짙게 느껴지는 공간일수록 타깃 바깥에 위치한 방문객은 그 공간이 이상적인 고객으로 지정한 이미지에 자신이 부합하지 않는다는 걸 빠르게, 그리고 더 거센 강도로 느낀다. 물론 전혀 느끼지 못하는 사람도 있다. 그러니 알레르기라 표현하는 것이다.

업주가 공간을 구성할 때 택한 특정한 고객군이 있다는 걸 예민하게 파악하고, 나아가 그 테두리 바깥에 있는 사람들을 적극적으로 배제하고 있다는 걸 눈치채면 두드러기가 난 것처럼 불편해서 더 머물고 싶지 않은 사람들이 있다. 노키즈존이나 노시니어존처럼 존재를 배제하는 문구를 입구에 당당하게 부착한 곳에서만 느낄 수 있는 감정은 아니다.

한글 없이 수려한 알파벳 필기체로만 적힌 메뉴판, 허리를 기댈 수 없으며 대체 하중을 견딜 수나 있을까 의심스러울 정도로 가느다란 다리로 된 의자, 잔을 집어 올릴 때마다 고개를 푹 숙여야 하는 낮고 좁은 테이블. 안이 훤히 들여다보이는 창이라도 있다면 차라리 다행일 것이다. 그런 곳은 피해 가면 되니까.

문제는 공간을 이용하는 과정에서 수치심을 불러일으키는 장소다. 들어서기 전까지, 경험하기 전까지는 결코 알 수 없는 감정이다.

언젠가 고택을 개조한 카페에 방문했을 때, 계단 및 공간과 공간 사이, 화장실 안에서 '만지지 마시오' '들어가지 마시오' '사용하지 마시오'라는, 강한 어조의 경고문을 세 번이나 연속해서 발견하고 질린 경험이 있다.

공간의 자산을 보호하기 위한 어쩔 수 없는 선택이겠지만, 입장할 때부터 퇴장할 때까지 자리를 찾아 카페 내부를 돌아다니거나 화장실에 한 번이라도 가게 되면 피할 수 없이 세 번이나 '하지 말라'는 경고를 마주칠 수밖에 없는 동선이었다. 이럴 바엔 애초에 사람 손을 타더라도 무방한 공간만 개방을 했더라면 차라리 나았을 텐데. 물론 그럴 수 없는 사정이 있었으리라 짐작하지만. 흰색 A4 용지 위에 하필이면 폰트는 고딕체에다 글자 크기도 너무 커서 마치 '거칠게 외치는 듯한' 인상을 준 것도 한몫했다.

잘못한 것도 없이 질책을 당한 기분이어서 오래 머물 수는 없었다. 당연하게도, 다시 오고 싶다는 생각도 들지 않았고. 그때의 감정을 아주 납작하게 표현하자면 뭐랄까. 그래 나 삐졌다, 이렇게 말할 수 있겠다. 쳇 나도 너랑 안 놀아, 라는 아주 유치하고 투명한 감정. 친구 사이로 비유하자면 관계를 더 이어가고 싶지 않은 사람을 만났을 때랑 비슷하다. 이제 그만, 이라고 선 긋기를 하게 되는 것이다.

누구에게나 열려 있지 않은 공간이라면 나도 관심 없다. 환영받지 못할 자리까지 비집고 들어갈 만큼 변죽이 좋거나 용기 있는 사람이 아니기 때문이다.

다만 카페에 혼자 앉아 라테를 홀짝홀짝 마시며 멍 때리는 걸 사랑하는 나홀로 카페족으로서 그 취미만큼은 머리가 하얗게 센 할머니가 될 때까지 포기하고 싶지 않은데, 소외감을 느끼는 장소가 지금보다 더 늘어날까 봐 애석할 때가 있다.

에이, 그런 게 어디 있어. 그게 다 남의 눈 의식해서 그런 거니까 눈치 보지 말고 당당하게 행동하자. 이렇게 '누가 뭐래도 나는 나만의 길을 간다'라는 자신감을 탑재해야 한다고 세상은 말하지만 그게 그렇게 쉬운 일이었다면 '할머니가 되면 어디서 놀아야 할까?'라는 주제로 이렇게까지 긴 고찰을 하지도 않았을 것이다.

인천공항에서 온종일 시간을 때우는 노인들을 다룬 뉴스를 본 날, 노인 공동체 주택에서 만난 할머니 할아버지들이 "우리는 갈 데가 여기 동네 뒷산밖에 없다"고 말하던 날, 어느 연령대나 그렇겠지만 시니어가 배척되지 않고, 껄끄러운 감정 없이 안전하게 향유할 수 있는 공간이 없단 생각에 벌써 위기감이 느껴졌다.

은퇴 후에 사회적으로 소속감을 느낄 수 있는 곳이 전무한 상황에서는 나를 환대하는 공간, 내 존재가 있는 그대로 받아들여지는 공간이 없다는 것은 곧 자존감과 직결된다. 단순히 놀 곳이 없네, 하는 푸념이 아니라 사회적으로 내 존재가 환영받지 못하고 있다는 의식을 심어주는 것이다. 머지않은 미래에 나와 내 친구들이 마주할 고민이다.

정말 거기가 어디든, 바깥에서 보기에 분위기가 어떻든, 궁금하면 주저하지 않고 벌컥 문을 열고 당당하게 이곳저

곳을 드나드는 할머니가 될 수 있을까? 지금도 사람을 밀어내는 은근한 신호를 예민하게 받아들이는 소심한 나 같은 인간이 딱히 그렇게 늙어갈 것 같지는 않다.

공간을 운영하는 룰을 정하고, 자기 취향에 따라 운영하는 업주들의 자율성 또한 존중받아 마땅하다. 때문에 내가 할 수 있는 일은 오래 머물고 싶은 공간이 보일 때마다 최선을 다해 소문을 내는 것. 찬사를 구구절절 나열해 리뷰를 남기고 동네 친구에게 꼭 한번 가보라고 영업한다. 좋은 공간이 유지될 수 있는 첫 번째 조건은 손님들의 끝없는 애정일 테니.

손님이 머무는 시간을 존중하는 마음이 느껴지는 편안한 공간을 만나면 마음 다해 충성을 맹세한다. 검은 머리 파뿌리 될 때까지 내 이곳에서 지갑을 기꺼이 열고 싶다고. 빈말이 아니라 카페에서 공부하고 과제하고 미팅하고 일을 하는 카페 생활자로 살아왔으니 나이가 들어서도 갈 곳은 카페뿐이지 않겠는가.

가족이란 이름의 기한 없는 조별과제

가족이 아닌 하우스메이트와 산다고 하면 반응은 크게 둘로 갈린다. 부러워하거나 신기해하거나. 신기해하는 사람은 대체로 "어떻게 남이랑 같이 살아? 불편하지 않아?" 하는데 그럴 때마다 내가 알던 세계가 와르르 무너지는 기분이다.

아니, 가족이랑 같이 사는 것만큼 불편한 게 어딨어요! 가족에겐 미안하지만, 생활 양식과 가치관이 지독히 다른데도 거리낌 없이 참견할 수 있는 관계라면 더 부대낄 수밖에 없다.

서로의 방문을 벌컥벌컥 열어젖히는 사이보다는 차라리 꼭 지켜야 하는 규칙을 정하고 생활 방식을 맞춰가면서 사는 게 편안하다. 물론 화장실이나 침실을 같이 써야 한다면 갈등이 생기겠지만, 생활 공간이 분리된 곳에서 정리정돈도 각자 알아서 할 수 있는 성인이라면 함께 살 때 딱히 어떤 문제가 생기는지 잘 모르겠다.

가끔 부모님 댁에 가면 가사노동이 한 명에게만 쏠린 상황이 확실히 구성원 모두에게 건강하지 않다는 게 눈에 보인다. 동거인과 나는 오랫동안 혼자 살았기 때문에 빨래나 설거지, 요리 같은 가사노동을 각자 알아서 해결하는 게 익숙한 사람이라 지금의 평화가 가능한 것도 같다.

둘 다 우선순위 한 가지를 뺀 나머지는 과감하게 다 버리는 효율 추구형 인간이라는 점도 비슷하다. 같이 살기로 한 결정도 다 효율 때문이었다. 나는 원룸이 싫었고, 동거인은 빈 방이 아까웠고. 어라, 그럼 내가 들어가서 살면 되겠네? 좋아요! 그렇게 한솥밥 먹는 식구가 되었다.

둘 다 소설과 에세이를 쓰면서 작품 활동을 하다 보니 식탁에 앉아 망상을 한 보따리 늘어놓는 게 일상이다. 가끔은 글 쓰는 시간보다 망상을 이야기하는 시간이 더 긴 것도 같은데, 이 또한 언젠가 자양분이 되겠지 생각하며 오늘도 신나게 헛소리를 떠든다.

소설로 쓰면 딱 재미있을 것 같은 설정이나 특이한 인물과 사건에 대한 이야기가 난무한 식탁을 벗어나 가끔 원가족의 식탁에 함께 둘러앉을 때마다 마치 다른 세계로 뚝 떨어진 듯한 기분이다. 관심사부터 가치관, 심지어 정치 성향까지 다르다 보니 밥 먹으면서 도란도란 이야기 나눌 소재가 없어서 엉뚱하게도 내 옷차림이나 화장, 머리 스타일 같은 외모 쪽으로 대화가 튈 때가 있다.

나는 소비를 싫어하는 성향이라 자주 입는 옷 몇 벌을 잘 세탁해가며 돌려 입는 편이다. 한마디로 다 떨어져서 구멍이 나기 전까지는 계속 입는 편인데, 젊은 나이에 꾸며야 한다는 엄마의 신념과 완전히 동떨어진 행동이다 보니 속상한 마음에 한마디씩 툭툭 튀어나오는 것이다. 엄마들은 딸을 보며 어느 정도는 '그 시절의 나'를 투사하는 경향이 있는 것 같다.

엄마가 딸을 통해 '또 다른 나'를 발견해 평생 내 맘 같지 않은 딸을 바라보며 속상해하다가 참견도 하고, 그러다 싸우기도 하면서 일평생 애증을 주고받는 관계라면 아빠 쪽은 조금 더 복잡하다. 아니, 사실은 단순한 관계인데 아빠에 대한 내 마음이 정리가 안 된다고 표현하는 게 맞을까?

아빠는 인생의 어느 순간엔 어른의 사정으로 자기 문제가 너무 복잡해 가족 내에서 '없는 존재'였다가, 또 어느 순간에는 느닷없이 튀어나오는 느낌이랄까. 가끔 원가족을 만날 때마다 가사 및 돌봄 노동의 쏠림 현상, 제사 문화, 고정된 성 역할이 있던 시절에 '키워진' 가부장의 고독을 목격하고 입안이 씁쓸해진다.

어릴 땐 명절에 국 한 그릇조차 자기 손으로 떠먹지 않는 남성 어른들을 바라보며 화가 울컥 치밀어 올랐지만, 이제는 인덕션 사용법을 몰라 엄마한테 짜증 섞인 잔소리를 들었다는 아빠에게 연민을 느낀다. 자리가 사람을 만든다는 말처럼 아빠가 가부장을 자처했던 게 아니라, 시대가 정한 아버지상에 가깝도록 역할을 수행하다 보니 제사나 결혼, 장례 같은 집안 행사의 구심점 외엔 자기 존재를 확인할 기회가 없어진 게 아닐까 하는 인간적인 안타까움 말이다.

반대로 엄마는 영화 티켓이나 기차표 예매, 공문서 확인까지, 스마트폰으로 해결해야 하는 거의 모든 일이 생길 때마다 아빠에게 의존한다. 성 역할의 고정관념이 바위처럼 단단했던 시대에 태어난 노인들은 개개인의 의사와는 상관없이 자기 능력을 개발할 기회를 빼앗긴 것이다.

양친이 서로의 능력을 주거니 받거니 하며 나름대로 평화를 구축하는 동안 집 나간 딸은 자꾸 결혼 얘기를 꺼내는 부모님께 "고양이가 자식 같다"는 속 터지는 소리만 하면서 오늘도 반려 고양이 쭈쭈 사진이나 보내고 있다.

서로 다른 가치관이나 삶의 태도를 가진 사람들과 교류할 때 필요한 감수성과 센스를 개발할 기회가 거의 없었던 노년층과 대화다운 대화를 하기 위해 꺼낼 수 있는 카드란 내 일상의 한 부분을 보여주는 것뿐이다. 반응이 전무할 때도 있고 이해받지 못할 때도 있지만 그래도 공유한다. 내가 나로 살고 있는 시간에 대해 떠들고, 당신들이 모르는 생활의 단면을 보여준다.

오랫동안 가족이 원하는 규격을 벗어나지 않는 삶을 살아가기 위해 노력했다. 어느 순간 가정에서 요구하는 역할과 나란 사람의 성향이 맞지 않는다는 걸 깨달았다. 가족이니까 그냥 참고 넘어간다, 부모님이 원하는 대로 맞춘다, 라는 건 다 같이 가족 여행을 갔을 때나 해야 하는 배려다.

가족 구성원이 서로 멀어지지 않기를 정말로 원한다면 같이 있을 때 목이 죄이는 듯한 갑갑함을 느껴서도, 적어도 나라는 사람을 통째로 부정당하는 듯한 기분이 들어서도 안 된다. 그런 기분으로 꼭두각시처럼 앉아 있어 봐야 그 자리에서 오랜만에 느껴보는 애틋한 가족애 같은 게 모락모락 피어날 리 없다. 가족 모임 때마다 불편한 마음만 차곡차곡 쌓이면 역시 가족이란 서로 있는 둥 마는 둥 관심 끄고 사는 게 답이군, 하는 냉소만 남는다.

일상을 나누지 않으면 마음의 거리는 금세 벌어진다. 옆방에 사는 하우스메이트보다 부모님과 동생이랑 밀도 있게 교감할 수 있는 주제가 적은 걸 보면 '피는 물보다 진하다'는 식의 혈통주의는 옛말이다. 오히려 '눈에서 멀어지면 마음에서도 멀어진다'는 말이 더 정확하다.

가족 때문에 삶이 진창에 빠진 사람들에게 일단 독립해 가족과 거리를 두라는 조언이 많은 이유인 것 같다. 하지만 단순히 나와 맞지 않는 가족이라면? 때로는 너무 달라 갑갑하지만, 나만 입 다물면 그럭저럭 화목해 보이는 가정이라면? 참 애매한 일이다.

여전히 가족이란 풀리지 않는 숙제 같다. 요즘엔 이 숙제를 풀기 위한 나름의 해결책을 찾았다. 내 가치관과 생활 방식을 허락해달라는 비굴한 태도로 동의를 구하지는 않되, 내가 사는 방식을 교정해야 할 상태로 보지는 않도록 '쟤는 원래 그런 애' 정도로 받아들일 수 있게 얘기하는 것이다.

공감이 가진 않겠지만 들어봐. 나는 사람을 싫어하는 건 아니야. 하지만 내게 누군가 요구하는 역할을 하느라 시간을 보낼 때는 몹시 괴로워. 마음은 텅 비어 있는데 역할을 다하느라 없는 말, 없는 행동을 쥐어 짜내는 것도 괴로워.

엄마, 나에게는 사랑이란 말의 테두리가 아주아주 넓어. 얼마나 넓은지, 나는 애인 때문에 설레고 두근거리고 아파하는 것도 사랑이지만, 쓰고 싶은 이야기를 매만지며 글을 쓰는 시간에도 비슷하게 두근대고 흥분을 느껴. 고양이를 쓰다듬을 때도 사랑을 느껴.

얼마 전에는 살면서 처음으로 식물을 살리기 위해 분갈이를 했고, 다음 날 새싹이 돋아난 걸 봤을 때도 찌릿했어. 나는 여러 갈래로 뻗은 소소한 사랑에도 충만해지는 쉬운 사람이야. 그래서 쉽게 만족해. 쉽게 행복해. 누가 없을 때도.

엄마랑 아빠는 나이가 들면 결국 가족밖에 없다고 말했지. 외로워질 거라고. 나는 누군가가 그리워도 그 마음을 다 표현하지 않고, 내 안에 머금은 채 인내할 때 극진한 사랑을 완성할 수도 있다고 생각해. 내가 누군가를 사랑한다면 그 사람이 나를 혼자 두지 않아서, 외롭게 만들지 않아서는 아닐 거야. 그 사람만 생각하면 그리워서 사랑을 깨닫게 되는 거지. 만약에 내가 혼자인 채로 살아간다 해도 외로움은 그 때문에 주어지는 형벌 같은 건 아닐 거야. 외롭다는 건 아직 사랑을 느낄 수 있을 정도로 살아 있다는 증거인데 그걸 왜 두려워해?

아직은 이 중 고작 한두 마디를 했을 뿐이지만, 기회 닿을 때 얘기할 수 있게끔 기록해둔다. 언젠가는 가족들 귀에서 피가 나고 딱지가 박힐 때까지 얘기하려고 작성해둔 나만의 커닝 노트다.

달력을 확인한다. 돌아오는 달, 엄마 생일이 있다. 왜 벌써부터 땀이 나는 거 같지. 가족은 기한 없는 조별과제 같은 것. 누구 한 명 울지 않고 독박 쓰지 않는 해피엔딩을 위해서는 아직도 갈 길이 멀다.

완전히 기댈 수 있는 관계가 있다면

대학병원에서 수술 날짜를 잡은 날, 나를 지배한 감정은 두려움이 아니었다. 수술하고 회복할 때까지 무리하지 않는 선에서 일할 수 있도록 일정을 조정하고 양해를 구해야 한다는 번거로움, 수술 당일부터 퇴원 때까지 간병해줄 사람을 찾아 잠시 남의 손을 빌려야 한다는 스트레스가 마취하고 수술대 위에 올라가야 한다는 공포를 가뿐히 눌렀다. 진짜 공포는 아픔과 고통 자체가 아니라 병원 생활과 그 이후, 회복 기간에 벌어질 일에 대한 상상에서 생겨난다.

사정을 설명하고 마감일을 미뤄야 하는 몇몇 군데에 연락을 돌렸다. 양해를 구하고 일정을 조정하는 일을 정신없이 끝내자마자 결승선을 통과한 육상 선수처럼 숨을 골랐다. 자, 이제 어떻게 할래? 간병인 문제가 남았다.

상주하는 간병인 없이 간호 인력이 있다는 간호병동을 선택했지만 계속 운동화 속에 작은 돌멩이가 굴러 다닐 때처럼 거슬렸다. 상주하는 보호자나 간병인 없이 병원 생활을 하겠다고 결정을 해놓고도 정말 누가 없어도 괜찮을까 미심쩍어서 환우 커뮤니티에 수시로 접속해 '간호병동' '간호병동 수술 후기' 같은 키워드를 검색했다. 후기를 정독하며 부정적인 의견이 한마디라도 보이면 지금이라도 병실을 바꾸겠다고 연락해야 하나 좌불안석이었다.

'생각보다 힘들었어요.'

압축된 문장 뒤에 누군가가 겪어야만 했을, 힘든 회복 기간에 벌어진 일이 선하게 그려졌다.

마취가 막 깨고 이동 침대에 실려 병실로 이송될 때부터 다시 눈이 감기지 않도록 옆에서 지켜봐야 한다. 그러다 잠에 빠져들 것 같으면 단호한 목소리로 졸음을 함께 쫓아내야 한다. 물을 마셔도 된다는 허락이 떨어지기 전까지 바싹 마른 입술에 물수건을 대주며 갈증의 괴로움을 덜어준다. 상태를 지켜보다 열이 오르는 것 같으면 간호사를 호출하고, 고통 때문에 신음하면 높이 달린 진통제 버튼을 눌러 약이 들어가게끔 한다.

지정된 자세로 오래 누인 몸 곳곳에서 기름칠이 덜 된 나사처럼 삐걱대는 소리가 날 때, 허락된 범위 내에서 침대 각도나 자세를 미묘하게 조정하며 환자의 사지가 그나마 덜 쑤시는 자세를 찾아준다. 소변줄을 제거한 뒤엔 화장실에 따라가서 용변을 다 해결할 때까지 기다려주고, 때마다 소변 양을 체크해 적어둔다.

'생각보다 힘들었다'는 건, 이 모든 과정이 내 마음만큼 매끄럽게 작동하지 않았다는 뜻일 것이다. 환자 한 명 한 명을 주시하며 지켜볼 여유가 없는 대학병원에서는 환자가 아쉬운 순간마다 의료진이 달려올 수는 없기 때문에 생기는 돌봄의 공백이 있으리라 짐작한다.

간병을 받는다는 건 내 마음 같지 않은 몸을 남에게 맡기는 일이다. 30년 넘게 써도 내 몸이 가끔 내 몸 같지 않아 손발이 따로 노는 기분을 느끼는데, 몸과 마음의 체력이 바닥을 친 상태에서 낯선 사람에게 내 몸 상태와 필요한 도움을 그때그때 명료하게 표현할 수 있을지도 미지수다.

간호병동이 아니라면 간병인을 구해야 하는데 벌써 이렇게 약한 소리라니. 결국 남은 선택지가 엄마뿐이라는 걸 끝까지 인정하고 싶지가 않았다.

갑자기 전화해서 다 커버린 딸의 수술을 지켜보고 간병까지 해달라니 염치가 없다 느껴졌다. 가족이 곁에 있으면 언제나 괜찮은 상태인 척해야 한다는 압박감이 든다. 괜찮지 않은 내 상태를 지켜보며 속상해하고, 어떤 때엔 지레짐작으로 더 걱정하는 보호자의 존재는 흘려보낼 수 있는 고통까지 곱씹고 머무르게 한다.

너무 걱정하지 말고, 어차피 괜찮지 않을 텐데 괜찮냐고 물어서 '괜찮다'는 거짓말을 반복해야 한다는 부담을 주지 않고, 그렇다고 고통을 넘겨짚어 아픔을 함부로 상상하지 않되 딱 필요한 순간에만 나타나 나에게 도움의 손길을 뻗어주세요.

이게 무슨 개떡같이 말해도 찰떡같이 알아먹으라는 것도 아니고, 내가 말하고도 참 뻔뻔하다 싶지만 이상적인 돌봄의 형태란 이렇듯 복잡하다. 환자의 고통과 나를 동일시하지 않되 환자가 겪는 신체적·정신적 어려움에 대한 깊은 이해가 필요하다.

마침 비슷한 시기에 대학병원에서 배를 가르는 큰 수술을 먼저 했던 친구 '간'을 만난 날에도 간병인 문제에 대해 털어놓았다.

"엄마한테 부탁하고 싶지 않아서 간호병동을 예약했는데 괜찮을까요?"

"제가 담도 수술은 안 해봤지만, 장기 건드리는 외과 수술이면 많이 아플 거예요. 계속 도움을 받아야만 하는 상황이 생기더라고요. 지정된 간병인이 계속 옆에 있으면 좋아요. 가능하다면… 옆에 가족이 있는 게 제일 좋을 거 같아요."

간을 건드리는 것과 담도를 건드리는 것 중 무엇이 더 큰 아픔인지는 판단할 수 없었지만 '간'은 그 시기에 내가 겪을 미래의 아픔을 근사치로 예측할 수 있는, 유일하게 믿을 만한 조언자였다.

가족을 언급하는 그의 태도는 매우 조심스러웠다. 다 커버린 자식이 부모에게 간병을 맡겼을 때 떠안아야 하는 심적 부담은 말하지 않아도 알기에. 냄새나는 똥 기저귀를 갈아가며 아직 자아가 없던 나를 키운 양육자에게 돌봄 노동을 부탁하면서도 거리감을 유지할 것을 요구하는 일이 얼마나 염치없다 느낄지도 잘 알기 때문에.

그런데도 '간'은 조심스러웠지만 단호하게, 헤어지기 직전까지도 고민하는 나에게 간병인이 아닌 가족에게 먼저 연락해보라는 말을 해주었다.

수술이 끝나고 이동식 침대에 실려 병실에 들어오자마자 옆에서 엄마 목소리가 들렸다. 자면 안 된대. 이제 눈 떠야 해. 익숙한 목소리가 들려오자 마음이 놓였다.

몸에 긴장이 풀리자마자 '간'의 말이 옳았다고 생각했다. 아는 목소리가 아니었다면 이렇게 바로 긴장이 풀리진 않았을 것이다. 눈꺼풀은 무겁고 잠은 쏟아지는데 어떻게든 눈을 부릅뜨려고 노력하면서 조금씩 조금씩 안개가 걷힐 때까지 기다리는 심정으로 정신을 집중했다.

왼쪽 침대에서는 "엄마, 나 왔어"라며 짐을 푸는 사람이 보였다. 오른쪽 침대에서는 "엄마, 괜찮아?"라는 목소리가 들렸다.

6인실 병동에서 나를 포함해 모녀 관계가 세 쌍으로 반을 차지한 가운데, 맞은편 침대에서는 복대를 찬 아내가 일어나려 하자 곁에서 아저씨 한 분이 불편한 구두를 신고 병실을 분주하게 오가며 성비 불균형이 극심한 병실 속에서 홀로 분투하고 있었다. 여자 환자들을 위한 병실에, 간병인도 대부분 여성인 곳에서 남성 보호자는 초대받지 않은 손님처럼 이질적으로 보였다.

맞은편 침대를 힐끗대던 엄마는 아저씨가 병실을 나가자마자 "대단하다"고 말했다. 훗날 엄마가 도움의 손길이 필요할 때 마음속 후보자들 중 배우자인 아빠는 안중에도 없겠다는 심란한 생각이 스치는 가운데, 나는 "엄마도 대단하다"고 말했다.

일정 기간 자신의 생활은 모조리 도려낸 채 병원에서 살며 환자의 일거수일투족을 주시하는 중노동을 하면서도 자기가 대단한 일을 해내고 있다는 자의식이 없는 여자들과, 말수 적은 아저씨 한 분과 함께 나흘 밤을 지냈다.

앓는 소리, 가래 뱉는 소리, 기계 돌아가는 소리와 호출 소리, 벨소리를 뚫고 사람과 사람이 대화를 나누는 말소리가 들려오는 방향은 내 양옆, 그리고 맞은편. 가족 관계인 사람이 간병을 하는 병상뿐이었다.

환자와 심리적 접점이 전혀 없는 전문 인력이 간병을 할 때 채워지지 않는 부분이 있다. 정서적인 교류와 친밀한 대화도 회복의 중요한 과정인데 간병이란 말을 떠올릴 때 지금껏 나는 신체 활동을 대리하는 일이라고만 여겼다.

몸이 내 마음 같지 않은 순간에도 외로움을 느끼고, 병원에 갇혀 있는 것 같다는 고립감 때문에 괴로운 마음을 헤아려줄 손길 또한 필요하다는 걸 알아버린 지금은 가족 외 다른 선택지가 없는 사람들이 의지할 수 있는 도움의 손길이, 값을 치르고 용역을 제공받는 '서비스'밖에 없다는 사실에 가끔은 아득하다.

간병인은 회복이라는 레이스를 환자와 함께하는 페이스메이커이기도 하다. 환자의 손발이 되어주면서 마음까지 헤아릴 수 있는 사람. 누구나 그런 사람을 곁에 둘 수 있다면 좋겠지만 쉽지 않기도 하거니와, 이런 역할을 한 명이 떠안는다면 버거울 것이다.

질병 치료와 동시에 시작되는 지난한 회복의 과정을 개별적이고 사적인 영역으로 취급하는 대신 공동체의 경험으로 포섭해 '돌봄의 품앗이'란 말이 자연스러워지면 좋겠다.

도움의 손길을 청했을 때 내 손을 맞잡을 누군가를 준비해 두지 않으면 대책 없는 현실 앞에서, 맞잡은 그 손에 온기가 필요하단 걸 알아버린 지금, 나는 그저 간병보험 상품 요건만 뒤적거리며 망설이고 있다.

장래희망은 동네 손맛 좋은 할머니

엄마는 왜 밥하는 법은 알려주지 않았을까? 가사노동이 엄마의 몫이었던 시대에 엄마가 해주던 밥만 먹다 독립을 해본 사람이라면 아마 이런 배은망덕한 생각 한번쯤은 해봤을 것이다. 그동안 밥해준 것도 감지덕지할 일이지, 밥하는 방법 가르쳐주지 않았다고 원망까지 들어야 하냐며 씁쓸해하는 어머니들에게는 참 죄송한 말씀입니다만.

사람이 어른이 되려면 밥은 할 줄 알아야 한다. 아니, 가끔은 자기가 먹을 밥상을 차려내는 것보다 더 중요한 가정교육이 어디 있을까 싶을 정도다.

물론 부동산 계약 시 주의사항, 아르바이트를 포함한 근로계약 시 유의해야 할 독소 조항, 전기·가스 등 공과금 납부 방법, 연말정산 대비 방법 등 가정이나 학교에서 가르쳐 주지 않지만 '잘 모르겠다'는 말로는 피해갈 수 없는 어른의 의무는 많다.

마치 '레벨 업'으로 향하는 문을 찾아 두드리기만 하면 획득할 수 있는 능력 같지만 시행착오를 겪기 전까지는 배울 수 없는 생존의 기술들. 그런 생존 기술을 두루 연마하고도, 그 기술을 획득했다는 사실에 거들먹거리지 않으면 어른에 가까워진다는 믿음이 있다.

인간은 왜 배고프도록 태어나서 이런 노동을 매일 해야 하나. 한탄하고 또 한탄했다. 사회 초년생 시절, 독립을 하고 나서야 알았다. 몸만 크고 나이만 먹었지, 생활 지능은 청소년보다 못한 어린애가 따로 없었다. 아는 게 없어도 너무 없다는 사실에 충격받고 상심할 여유도 없었다.

매일 착실하게 어김없이 배가 고팠고, 뭐라도 입에 집어넣어야 돈을 벌 수 있었다. 먹고살기 위해 일한다는 말을 많이들 하는데, 나는 어쩐지 일하려고 먹는 것처럼 차에 주유하듯 의무감으로 밥을 챙겨 먹었다. 밥 챙기는 일이 이렇게까지 고단할 줄이야. 매일 혼자 있는 방에서 앓는 소리를 냈다.

하필 독립과 동시에 시작한 직장생활에서 점심, 저녁으로 맛집이란 곳을 찾아다니며 미식을 즐기는 동료들을 따라다니다 보니 입맛만 까다로워졌다. 나중엔 회사 구내식당에서 먹는 밥이 만족스럽지 않아 월급에서 월세와 보험료, 공과금을 제한 대부분의 돈을 외식에 쓸 정도였다.

혼자 사는 집 앞에 누가 방문하는 것조차 싫어서 배달은 엄두도 못 내고, 방문 포장과 혼밥, 아주 가끔 약속을 잡아 저녁을 먹고 들어갔으니 주방이 잡동사니를 수납하는 수납장이자 창고, 가끔 빨래 건조대로 변모한 건 예정된 수순이었다.

널브러진 물건들을 바라보며 주말엔 다시 집 밖으로 나갔다. 일단 밖으로 나가야 먹을 게 있지. 호모 사피엔스의 본능대로 밖에 나가 먹을 걸 구해왔다.

하지만 언제까지 수렵채집인처럼 배가 고플 때마다 밖에 나갈 수는 없었다. 허기가 질 때마다 다른 사람의 도움을 받아야만 하는 생활에도 염증이 나기 시작했다.

첫째로, 직장생활을 접고 프리랜서로 글 쓰는 일을 하면서 집에 머무는 시간이 늘어나자 예전엔 눈에 들어오지도 않고 거슬리지 않았던 것들이 차츰 보이기 시작했다.

바깥에서 기력을 소모하고 귀가하는 패턴을 반복했던 직장생활과 달리, 매일 아침 기상할 때부터 잠들 때까지 오로지 내가 만든 규율에 따라 살아가는 프리랜서 생활은 달콤한 자유와 함께 이제 '남 탓'을 할 수 없다는 살벌한 현실을 깨닫게 했다.

주방이 엉망인 것도, 냉장고에 생수만 있는 것도, 먼지가 뽀얗게 쌓인 밥솥과 독립할 때 엄마가 싸준 꽃무늬 그릇 몇 개가 전부인 내 빈곤한 부엌 살림과 그보다 더 가난한 나의 집밥 레퍼토리까지도 모조리 내 책임이었다.

이 숨 막히는 책임에서 영원히 도망쳐 살 수도 있을 것이다. 그러려면 도움이 필요할 때마다 값을 지불할 수 있는 경제적 여유를 악착같이 유지하며 살아야겠지만. 그런데 일주일에 한 번도 아니고, 하루 세 번 끼니 때마다 식당이나 배달 앱을 헤매야 한다고 생각하니 아득했다.

게다가 나는 그렇게 집에만 있으면 답답하지 않냐는 말이 이해가지 않을 정도로 내 방, 내 공간, 내 집에 머무는 시간을 사랑하는 실내 생활자다. 끼니 때마다 먹을 걸 찾아 내쫓기듯 밖으로 나가야 하는 삶이 내키지 않았다.

청소와 빨래, 요리처럼 생활에 산적한 문제들이 생길 때마다 도움의 손길이 필요한 사람은 집 안에서 쉽게 무력감을 느낀다. 우선순위를 매길 엄두조차 나지 않는 업무를 받아든 사람이 스트레스를 회피하고자 게임을 하거나 넷플릭스 시리즈를 몰아볼 때처럼 적극적으로 눈길을 딴 곳으로 돌린다.

배가 고프면 쌀을 씻고 밥을 해야 한다. 주방에 서서 재료를 씻고 다듬어야 한다. 칼을 들어야 한다. 이런 일을 할 엄두가 나지 않아 수년간 밥때가 되면 손 벌릴 곳을 찾아 바깥을 헤맸다.

그렇게 밖으로 나도는 삶에 싫증이 났을 때쯤 좁은 원룸 주방에서 수프를 끓이기 시작했다. 신선한 상추를 사와서 밥을 비벼먹고, 된장을 풀어 국을 끓였다. 뻔하디뻔한 집밥 레퍼토리를 반복하다 지겨워질 때쯤 동거인이 생겼다.

1인분의 식탁을 책임지다가 2인분, 가끔은 3인분의 밥상을 차린다. 자신 있는 요리를 늘려나가고 싶어서 요리 수업을 듣기 시작했다. 재료 손질하는 법, 칼 쓰는 법, 볶는 법, 적절한 온도를 가늠하는 법까지. 새로운 언어를 배우는 것처럼 감각을 열어두고 뻔한 레퍼토리에 새로운 메뉴를 늘려갔다.

나를 위한 식탁에서 친구들과 나눠먹기 위한 식탁을 차릴 수 있을 때까지 7년이란 세월이 필요했고, 그렇게 원가족과 분리되어 산 지 7년만에 나는 비로소 '완전한 자립'을 할 수 있었다.

밥상을 책임질 수 있는 사람. 텅 빈 식탁을 채우는 법을 아는 사람. 요리를 하기 시작하면서 나는 그런 사람이 될 수 있었다.

"밥 먹는 게 제일 큰일이지. 우리 나이 때 남자들은 밥할 줄을 모르니까… 그게 제일 큰일이야."

노인 공유주택에서 어느 할아버지와 대화를 나눌 때 들었던 말이다. 1인 가구 남성 노인들은 공통적으로 끼니를 챙기는 일에 대한 피로를 호소했다.

매일 아침 무료 급식소까지 멀리 나가고, 동사무소의 반찬 배달 서비스를 기다리는 할아버지들. 80대 노인인 사촌 누나가 일주일에 한 번씩 와서 냉장고에 반찬을 채워주고, 아랫집에 사는 여성 노인이 가끔 나눠주는 반찬을 기다린다고 말하는 할아버지들은 매일 새벽같이 일어나 바깥에 나가고, 다시 날이 어두워질 때까지 거리에서 시간을 때우다 들어왔다. 마치 하루치 먹잇감을 찾아 초원을 어슬렁대는 맹수처럼.

맹수와 다른 점이 있다면 사냥이 아니라 사냥이 끝난 후 떨어질 부산물을 기다리느라 시간을 다 보낸다는 것이다. 스스로 사냥하는 방법을 배워본 적도 없이 야생에 내던져진 맹수들처럼, 공원에서 약수터에서 아직도 작동하는 게 신기한 오래된 커피 자판기 옆에 삼삼오오 모여서.

마치 오래 전, 출근하지 않는 주말마다 아침에 허기가 지면 후다닥 샤워만 하고 이른 아침부터 샌드위치를 팔던 동네 카페로 도피하듯 나가버렸던 그때의 나처럼.

요리가 남자의 일이 아니라고 말하던 세상에 내던져진 게 그들의 잘못은 아닌 것처럼, 요리를 하지 않아도 돈만 있으면 다 해결되는 세상에서 자란 것 또한 우리의 잘못은 아닐 것이다.

요리가 생존 기술이라는 생각엔 변함없지만, 생존을 위한 다른 중요한 일에 밀리고 밀려 밥 따위는 아무래도 좋다는 생각에 함부로 빠져버리는 것 역시 나와 내 친구들이 쉽게 처하는 현실이다.

친구들은 요리를 하기엔 너무 바쁘다. 이제 나는 열 일 제쳐두고 일단 주방에 서서 칼을 들고 냄비를 꺼내 요리를 해야 하루를 제대로 살아낼 힘이 생긴다고 믿는 이상한 고집이 생겼다.

가끔 동거인 서글 작가와 마음이 맞을 땐 친구들을 불러 밥을 해준다. 밖에서 3시간 이상 있으면 급격히 체력이 떨어지는 내향인 두 명이 새로운 사람을 만나기 위한 꼼수이자, 다른 건 몰라도 입에 들어가는 건 까다로운 먹보들의 사심을 채우기 위한 이벤트다.

덕분에 친해지고 싶었는데 기회가 없었던 이들을 초대해 밥을 먹이고, 편안한 환경에서 대화를 나누며 단숨에 거리를 좁힐 수도 있었다. 마치 친구 사귀기의 관문이 되었달까.

물론 시켜먹어도 되지만 사람들을 집으로 초대할 때는 아무리 피곤하고 바빠도 직접 요리를 하기 위해 장을 보고,

재료를 손질하고, 뒷처리 생각지 않고 메뉴를 선정한다. 적어도 집에서 먹는 요리만큼은 두 손으로 직접 해내고 싶다는 고집이 발동한다.

이런 고집은 다행히 쓸모가 있다. 삼각김밥과 컵라면 하나면 저녁으로 충분하다 말하는, 너무 유능한 탓에 바쁘게 사는 내 친구들. 우리가 나란히 나이가 들면 가끔 반찬을 나눠주고 싶다. 먹이를 찾아 거리를 헤매는 의식 없이, 우리 집 식탁에 불러서 들기름 넣고 달달 볶아 뽀얗게 우려낸 미역국을 나눠먹고 싶다.

이로써 장래희망은 정해졌다. 내 장래희망은 동네 손맛 좋은 할머니.

언제든 다정할 준비가 되어 있는 사이

"잠깐만요. 저 자랑할 거 있어요."

오늘은 한 달에 한 번씩 모이는 '한글 모임'을 하는 날. 급하게 처리해야 하는 업무가 있다며 진지하게 키보드를 두드리던 친구 태랑은 돌연 자랑 선언을 했다.

자랑할 거 있으니까 이제 다 반응할 준비해! 만반의 준비를 갖춘 우리는 이제 이야기해보라며 재촉했다. 위풍당당하게 우리 쪽으로 노트북을 돌린 태랑이 모니터 오른쪽 하단을 가리켰다.

"핫스팟 아이디를 이렇게 귀여운 이모티콘으로 해두면 카페에서 일할 때도 기분이 좋아져요."

태랑이 가리킨 곳에는 정말이지 귀엽고 능청맞은 표정을

한 이모티콘이 있었다. 이거야말로 생활의 지혜, 리빙 포인트다. 고작 이모티콘 하나로도 일을 대하는 마음이 이렇게 유쾌해질 수 있구나! 유레카를 외치며 친구의 핫스팟 아이디를 사진으로 찍었다. 귀여운 것 앞에서는 화도 누그러지는 법이니까.

"너무 귀엽다. 사진 좀 찍어갈게요."

찰칵 사진을 찍고 본격적으로 칭찬을 시작했다. 어떻게 이런 생각을 했냐고, 정말 생활의 지혜라고, 핫스팟 아이디를 이모티콘으로 설정할 생각을 하는 사람은 본 적도 없다며, 와이파이 연결할 때마다 기분 좋아질 수 있다니 대단하다며 그 자리에 앉아 있던 세 명의 친구가 동원할 수 있는 모든 미사여구를 끌어모아 칭찬하고 감탄했다. 너는 생활의 천재, 일상의 베테랑이야!

뭘 그렇게까지, 라고 말하는 사람도 있겠지만 한 달에 한 번씩 작업물을 공유하고 피드백하는 모임으로 만난 친구들은 얼굴을 볼 때마다 경연하듯 돌아가며 칭찬을 퍼붓는다.

칭찬과 평가에 일희일비하지 않는 점잖은 태도가 성숙한 어른으로서 바람직한 자세란 걸 알지만, 아무리 나이를 먹어도 여전히 칭찬을 들으면 기분이 좋다.

좋은 일이 있으면 자랑하고 싶어 입이 간질간질하지만 자칫 경솔해보일 수 있단 생각에 아무 데서나 할 수는 없다. 점잖 떨지 않아도 되는 편안한 사람들과 함께할 때면 신이 나서 한 달치 자랑과 칭찬을 퍼붓는다.

"자, 돌아가면서 축하할 일 하나씩 말하기!"

동거인 서귤 작가는 사람들과 모임을 할 때면 꼭 자랑할 일을 하나씩 말하게 하는 버릇이 있다. 처음엔 억지로 한 명씩 자기 자랑을 시킨다는 게 꼭 건배사 하라는 부장님 같아서 '서 부장님'이라고 놀리기도 했다. 이런 게 바로 '라떼'나 꼰대 아니냐며 놀렸는데 요즘엔 서귤 부장님이 나서서 자랑해보라고 부추기지 않으면 섭섭하다.

나 자랑하고 싶은데. 이번 주에는 커피 끊었는데, 아침 8시에 일어났는데, 자기 전에 휴대폰도 안 봤는데. 작은 성공을 자랑하고 싶어서, 알아주는 사람이 있으면 좋겠다는 생각에 몸부림친다.

자랑과 칭찬을 거리낌 없이 나눌 수 있는 관계는 드물다. 질투와 시샘 없이, 있는 그대로 박수를 보낼 수 있는 관계여야 가능하기 때문이다. 사소한 성취를 그때그때 기념하며 축하할 수 있는 관계도 드물다. '뭘 그런 것까지… 그렇게 사소한 일을 왜 나에게 말하지?'라는 생각이 들지 않아야 하기에.

껍데기뿐인 칭찬과 감탄은 알아챌 수밖에 없기 때문에 작은 성취와 성공에도 진심으로 감탄하면서 칭찬해주는 다정함이 필요하다. 다정함을 최대치로 끌어모아야 가능한 게 바로 이 '서귤 배 자랑 배틀'인 것이다.

내 입으로 내 자랑을 해야 하고, 무조건 축하해줘야 한다는 규칙을 들었을 때만 해도 머쓱해서 "자랑할 게 없다"는 말을 했는데 요즘엔 첫 번째로 말하고 싶어서 입이 간질거린다. 다른 사람의 자랑이 끝나자마자 박수를 치면서 축하와 찬사를 아낌없이 보낸다. 시원하게 자랑하고, 기꺼이 칭찬하는 관계 속에서 몇 달치 노곤함과 긴장감이 풀린다. 반복되는 일상에서 느낄 수 없던 쾌감까지 든다.

요즘엔 칭찬과 자랑을 놀이처럼 즐길 수 있는 사람들과 더 많은 시간을 보내려고 한다. 한 달에 한 번 만나자고 주기를 정해둔 모임도 있고 그렇지 않은 모임도 있지만, 일단 모였다 하면 서로 얼른 좋았던 일을 말해보라고 부추기는 건 비슷하다. 감탄할 준비가 되어 있으니 말하기만 하라고.

눈빛을 반짝이며 상대의 이야기를 들어줄 준비가 된 사람들, 다정함이 흘러넘치는 친구들이 모인 작은 모임들 덕에 번잡한 한 시절을 무사히 견뎠다. 이런 것까지 말해도 되나, 라는 생각을 하며 복잡하게 머리 굴리고 계산하지 않아도 되는 수용의 범위가 넓은 친구들을 만나는 동안 조각났던 마음도 다시 붙어서 아물었다.

한동안 사람을 만나는 게 거북하고 두려웠다. 내향인이라 사교 활동에 피로를 느끼는 성향이긴 했지만 그것과는 별개로 만남을 두려워하는 감정은 처음이었다. 그 감정의 실체를 알아채지 못하고 당황스러웠다.

사람을 만나야 하는 날이면 전날부터 심장이 두근대고 식은땀이 나서 잠을 이루지 못하는 생활을 반복하면서 어딘가 고장이 났다는 걸 깨달았다. 사람을 만나 내 상황을 설명하고 생각을 말해야 하는 상황이면 증상은 더 심해졌다. 이상할 정도로 생활 전반에 긴장도가 높아졌다.

그때부터 충분히 편안하고 안전한 사람들과 최소한의 시

간만 함께했다. 두려움을 잠재워줬던 건 언제나 다정할 준비가 되어 있던 친구들이었다. 다정한 격려가 쌓이다 보니 다시 사람들 속으로 걸어 들어갈 수 있게 되었다.

돌이켜 보면 글쓰기니 피드백이니 하는 명분으로 친구들을 모았지만 결국 '잘했다' 말해줄 사람들을 찾아다닌 것만 같다. 두려워하지 않아도 되는 자리, 평가나 점수를 확인하기 직전의 떨림을 느끼지 않아도 되는 자리만 골라 다니면서 작은 성취에도 크게 기뻐하는 법을 배웠다.

작은 일을 당당하게 자랑하고 기뻐하는 여린 사람들이 모인 모임을 하나둘 이어가면서 마음을 가다듬었다. 사람들 속에서 쉽게 다치지 않을 수 있겠다는 담담한 마음이 되었다.

문득, 오래 전 일기를 쓰거나 다이어리에 일상을 기록할 때 좌우명처럼 자주 쓰던 문장이 생각났다. 나만이 나를 구한다. 그런 문장을 함부로 쓰던 시절이 있었다. 그렇게 생각하던 때도 있었다. 내가 나를 구할 수 없을 때도 있다는 걸 몰랐던 시절이다.

작은 모임 덕분에 살았다. 적어도 지난 몇 년간은 작은 것에도 커다랗게 감응하는 감수성의 천재들이 동그랗게 모인 작은 모임이 나를 살렸다. 그런 지지가 모여서 혼자 사는 삶이 아니어도 괜찮겠다는 결심으로 이어졌고, 혼자 하는 일이 아니어도 즐거울 수 있다는 말랑하고 유연한 태도가 되었다.

언젠가 산문집을 마감하면서 재미난 질문을 받았다.

"오늘 저녁에 세상이 망한다면 점심에 뭘 하고 싶으세요?"

세상이 망하는 영화를 좋아하는데도 그런 생각은 해본 적이 없다. 강 건너 불구경이었다. 미래 환경에 대한 암울한 전망에도 불구하고 종말을 진지하게 예상해본 적 없는 나란 인간은 대책 없이 낙천적인 구석이 있는 사람이다.

곰곰이 생각하다 수프를 큰 냄비에 가득 끓이고 친구들을 불러서 최후의 만찬을 함께하겠다고 말했다. 그리고 세상이 망할 때까지 다 함께 카운트다운을 하겠다고 했다. 큰 목소리로 카운트다운을 하면서 기다리면 왠지 무섭지 않을 것도 같다. 위태로운 날에 옹기종기 모여 앉아 온기를 나누는 것 말고는 달리 할 수 있는 일도 없겠지만.

일상이 팍팍하고 미래가 두려울 때면 세상이 망하기 10초

전, 숫자 10부터 1까지 다 함께 큰 소리로 외칠 준비를 한 유쾌한 친구들의 얼굴을 떠올리려고 한다. 그 얼굴들이 필요한 날은 아무래도 적지 않을 테니, 역시 친구는 많으면 많을수록 좋겠다.

에필로그

혼자와 같이의 유연한 이중생활

'혼자인 건 좋지만 고립되고 싶지는 않다'는 모순된 욕구를 그대로 인정하고 방법을 찾는 동안 이 원고는 여러 번 모습을 바꾸었다.

편집자를 처음 만난 날 정했던 이 책의 가제는 《개인주의자의 네트워킹》이었다. 회사생활을 막 정리하고 독립적으로 일을 하기 시작한 때였다.

인맥도 정보도 전무한 이 업계에서 어떻게 동료를 만들어야 할지, 어떻게 일감을 주고받는 관계망 안으로 진입할 수 있을지에 온 신경이 쏠려 있던 시기라 '인간관계론'에 대한 고민을 담아 초고를 완성했다.

그간의 관계를 고찰하며 시작한 이야기는 조직생활에서 프리랜서 작가로 업계와 업무 환경을 바꾸며 경험한 일까지 포함해 《I형 인간의 사회생활》이란 제목으로 새롭게 정리하고 밀리의 서재에서 오리지널 전자책으로 공개했다.

'네트워킹'에 그칠 줄 알았던 고찰을 '사회생활'로 확장하는 동안 독립적인 성향인 개개인들이 모여 고립을 예방하는 최소한의 안전망을 구축하며 살고 싶다는 구체적인 목표가 생겼다. 프리랜서 작가들끼리 '고독사 방지 위원회'니 하는 우스갯소리를 나누며 작업실을 공유하고, 그러다 팬데믹을 기점으로 동료와 셰어하우스 형태로 함께 사는 삶을 시작했다.

서로 독립성을 존중하면서도 상호 돌봄이 필요할 때는 아낌없이 돌볼 수 있는 관계가 가능할지 궁금했다. 그렇게 혼자인 시간을 사랑하지만 홀로 늙는다는 것에 대한 두려움이 짙어지는 마음을 담아 《I형 인간의 사회생활》의 후속작인 《독립 어른 연습》을 밀리 오리지널로 다시 한번 선보였다.

인간관계에서 시작해 사회생활로, 그리고 최종적으로 자립이란 주제로 이어진 일련의 고민을 따라 일과 삶의 형태를 매만져갔다. 그동안 내가 하는 일도, 작업 환경도 계속 바뀌어왔지만 고독과 연결을 동시에 취하고 싶다는 오랜 욕구만큼은 여전히 변함없이 굳건했다.

한 가지 변화가 있다면 누구의 눈치도 볼 필요 없이 나로서 살아가는 인생도 멋있지만, 관계 속에서 상호작용하며 서로 물들기도 하고 모양이 바뀌는 과정 또한 인생의 맛이라는 걸 깨달았다는 것이다.

소설 속에서 흩어져 있던 조각이 맞춰지고 마침내 그럴듯한 결말에 도달하려면 나와 당신, 그리고 또 다른 누군가의 접점이 토대가 되는 것처럼.

물론 인생은 소설이 아니다. 그럴듯한 결말 따위는 오지 않고 앞으로도 계속 고독에 빠져 허우적대거나 사람에 질려 도망가고 싶은 순간도 있겠지. 그래도 일단은 지금처럼 '혼자'와 '같이'를 넘나드는 이중생활을 유연하게 이어가보려 한다.

몇 년에 걸쳐 쌓아온 글이라 그사이 바뀐 상황과 생각에 맞춰 수정했지만 지금은 재현할 수 없는 그 당시에만 표현 가능했던 관점은 되도록 남겨두려 노력했다.

여러 상황이 변한 가운데에도 계속 이 원고를 믿고 세상에 내보낼 수 있도록 해준 구 드렁큰에디터, 현 퍼스널에디터에게 감사의 말씀을 전하고 싶다.

생계형 E로 살아가는
I의 사회생활

1판 1쇄 인쇄 2025년 7월 11일
1판 1쇄 발행 2025년 7월 22일

저자 황유미
발행인 남연정
디자이너 석윤이

발행처 퍼스널에디터
출판등록 2024년 7월 3일 제395-2024-000144호
이메일 personal_editor@naver.com
인스타그램 personal.editor.book
ISBN 979-11-993129-0-6 (03810)

ⓒ 황유미, 2025

이 책의 일부 또는 전부를 재사용하려면 반드시 사전에 저작권자와 퍼스널에디터의 동의를 얻어야 합니다.